国家职业技能鉴定考试指导
国家职业资格培训教程配套辅导练习

汽车修理工

（中级）

第2版

主　编　卜显平
副主编　李　辉
编　者　张树玲　孟金环　海　洋　王晓军　董志杰
主　审　张子波

中国劳动社会保障出版社

图书在版编目(CIP)数据

汽车修理工：中级/人力资源和社会保障部教材办公室组织编写. —2 版. —北京：中国劳动社会保障出版社，2009

国家职业资格培训教程配套辅导练习

ISBN 978-7-5045-7977-5

Ⅰ. 汽… Ⅱ. 人… Ⅲ. 汽车-车辆修理-技术培训-习题 Ⅳ. 472.4-44

中国版本图书馆 CIP 数据核字(2009)第 148305 号

中国劳动社会保障出版社出版发行

（北京市惠新东街 1 号 邮政编码：100029）

出 版 人：张梦欣

*

三河市华骏印务包装有限公司印刷装订 新华书店经销

787 毫米×1092 毫米 16 开本 11.25 印张 216 千字

2009 年 8 月第 2 版 2021 年 1 月第 16 次印刷

定价：20.00 元

读者服务部电话：（010）64929211/84209101/64921644

营销中心电话：（010）64962347

出版社网址：http: // www.class.com.cn

编 写 说 明

《国家职业资格培训教程配套辅导练习》（以下简称《辅导练习》）是《国家职业资格培训教程》（以下简称《教程》）的配套辅助教材，每本《教程》对应配套编写一册《辅导练习》。《辅导练习》共包括三部分：

第一部分：理论知识鉴定指导。此部分内容按照《教程》章的顺序，对照《教程》各章理论知识内容编写。每章包括四项内容：考核要点、重点复习提示、辅导练习题、参考答案。

——理论知识考核要点是依据国家职业标准、结合《教程》内容归纳出的考核重点，以表格形式叙述。表格由理论知识考核范围、考核要点及重要程度三部分组成。

——理论知识重点复习提示为《教程》各章内容的重点提炼，使读者在全面了解《教程》知识内容基础上重点掌握核心内容，达到更好地把握考核要点的目的。

——理论知识辅导练习题题型采用两种客观性命题方式，即单选题和判断题，题目内容、题目数量严格依据理论知识考核要点，并结合《教程》内容设置。

——理论知识辅导练习题参考答案中，除答案外，对题目还配有简要说明，重点解读出题思路、答题要点等易出错的地方，目的是完成解题的同时使读者能够对学过的内容重新进行梳理。

第二部分：操作技能鉴定指导。此部分内容包括两项内容：考核要点、操作技能辅导练习题。

——操作技能考核要点是依据国家职业标准、结合《教程》内容归纳出的该职业在该级别总体操作技能考核要点，以表格形式叙述。表格由操作技能考核范围、考核要点及重要程度三部分组成。

——操作技能辅导练习题题型按职业实际情况安排了实际操作题、模拟操作题、案例选择题、案例分析题、情景题、写作题等，部分职业还依据职业特点及实际考核情况采用了其他题型。

第三部分：模拟试卷。包括该级别理论知识考核模拟试卷、操作技能考核模拟试卷若干套，并附有参考答案。理论知识考核模拟试卷体现了本职业该级别大部分理论知识考核要点的内容，操作技能考核模拟试卷完全涵盖了操作技能考核范围，体现了操作技能考核要点的内容。

本职业《辅导练习》共包括 5 本，即基础知识、初级、中级、高级、技师和高级技师。《国家职业资格培训教程配套辅导练习——汽车修理工（中级）（第 2 版）》是汽车修理工国家职业资格培训教程配套辅导练习中的一本，适用于对中级汽车修理工的职业技能培训和鉴定考核。

《国家职业资格培训教程配套辅导练习——汽车修理工（中级）（第 2 版）》由卜显平、李辉、张树玲、孟金环、海洋、王晓军、董志杰、张子波编写。本书在编写过程中得到了吉林大学、沈阳大学、内蒙古自治区劳动和社会保障厅、内蒙古自治区交通厅、内蒙古交通职业技术学院、沈阳交通技术学校等单位的大力支持与协助，在此一并表示衷心的感谢。

编写《辅导练习》有相当的难度，是一项探索性工作。由于时间仓促，缺乏经验，不足之处在所难免，恳切欢迎各使用单位和个人提出宝贵意见和建议。

目　录

第一部分　中级理论知识鉴定指导

第二部分　中级操作技能鉴定指导

第三部分　模拟试卷

第一部分　中级理论知识鉴定指导

第一章　发动机维修作业

考 核 要 点

理论知识考核范围	考核要点	重要程度
二级维护前发动机的检测与附加作业的确定	汽车二级维护前检测作业程序	了解
	二级维护前发动机的检测诊断项目与技术要求	掌握
	发动机二级维护附加作业项目的确定依据	掌握
	汽车发动机二级维护竣工检验项目和技术要求	掌握
	汽车维护工艺	熟悉
发动机二级维护附加作业	气门座圈修理技术要点	熟悉
	曲轴、连杆轴承间隙调整的要点	掌握
	活塞环装配技术要求	了解
	曲轴轴承、连杆轴承的刮削要点	掌握
零件的检验与分类	形位公差的项目及符号	熟悉
	汽车零件检验的分类	了解
	汽缸、汽缸盖、汽缸体异常损坏原因	掌握
	曲轴零件异常损坏原因	掌握
	凸轮轴修理技术条件	掌握
汽缸盖与配气机构的检修	气门、气门弹簧、气门挺杆、气门推杆、气门弹簧座、气门旋转机构检测操作要点	掌握
	拆卸、安装正时带轮及张紧齿轮的注意事项	掌握
	安装正时齿轮的操作注意事项	了解
	配气机构装配与调整的注意事项	掌握
	汽缸盖装配注意事项	熟悉

续表

理论知识考核范围	考核要点	重要程度
汽缸体与曲柄连杆机构的检修	汽缸体装配注意事项	了解
	汽缸磨损检测要点	熟悉
	主轴颈、连杆轴颈磨损测量操作要点	掌握
	活塞连杆组装注意事项	掌握
	汽缸体与曲柄连杆机构装配与调整的注意事项	掌握
燃油与进气系统的检修	电动燃油泵、喷油器、汽油压力调节器、汽油压力缓冲器的结构及工作原理	熟悉
	进气系统检修注意事项	掌握
	燃油系统检修注意事项	了解
	电控系统检修注意事项	掌握
冷却润滑系统的检修	蜡式节温器的结构与工作原理	了解
	硅油风扇离合器的结构与工作原理	熟悉
	水泵的结构、工作原理	掌握
	机油泵的分类、结构与工作原理	掌握
点火系统的维修	传统点火系的组成与工作原理	熟悉
	分电器主要部件结构与工作原理	了解
	点火线圈类型、结构与工作原理	掌握
	火花塞的类型、型号、选配方法	掌握
诊断与排除发动机故障	由油路、电路引起的发动机启动困难故障	熟悉
	发动机怠速不稳故障	掌握
	暴震故障	熟悉
	发动机异响故障	掌握
	发动机过热故障	掌握
	发动机缺火（个别缸不点火）故障	了解

重点复习提示

一、二级维护前发动机的检测项目和技术要求（以 EQ 1092F 车为例说明）

1. 发动机功率应不小于额定值的 80%。

2. 检查配气相位。发动机转速为 800 r/min、气门间隙为 0.25 mm 时，进气门提前角为 20°，滞后角为 56°；排气门提前角应为 38.5°，滞后角为 20.5°；开闭角度误差应不大于 2°。

3. 发动机异响。曲柄连杆机构和配气机构无异响。

4. 检查汽缸压力。当压缩比为 6.75∶1 时应为 0.83 MPa，当压缩比为 7.2∶1 时应为 0.725 MPa。另外，所测汽缸压力应不小于规定值的 85%，各缸压力差应不大于 10%。

5. 检测曲轴箱窜气量。发动机的转速为 2 000 r/min 时，曲轴箱窜气量应不大于 70 L/min。

6. 检测汽缸漏气量。汽缸漏气量检验仪指示的气压值应不大于 0.25 MPa。

7. 检测进气歧管的真空度。在发动机处于怠速运转转速为 500～600 r/min 时，真空度应为 50～70 kPa，波动值应不大于 5 kPa。

8. 用内窥镜窥查汽缸表面及活塞顶状况，汽缸表面应无损伤，活塞顶无烧蚀和严重积炭。

9. 冷却系无泄漏，水泵工作时无异响、无过热现象，水泵轴不松旷。

10. 检查机油压力。怠速时，机油压力应不小于 0.1 MPa；中速时，机油压力应不小于 0.3 MPa。

11. 检测润滑油质量。润滑油污染指数（或斑痕）、开口闪点及水分中有一项不符合技术要求，均应更换机油。

二、发动机二级维护附加作业项目的确定依据（以 EQ 1092F 车为例说明）

1. 点火系

检测结果：检测出闭合角不符合规定，点火提前角失准；点火高压达不到规定值，点火波形失常；分电器重叠角超过技术要求。

故障诊断：分电器调整不当，无触点电子点火系信号发生器气隙失准，点火元件工作性能变差，分电器轴及凸轮磨损、松旷。

附加作业：检修分电器、霍尔发生器总成，视情况更换有故障的元件。

2. 发动机动力性

检测结果：发动机功率低于原厂规定值的 80%，单缸转速降小于 90 r/min，各缸转速降相差大于发动机转速的 25%。

故障诊断：气门与气门座之间的密封性变差，汽缸衬垫、进排气歧管衬垫漏气，活塞环磨损、断裂，汽缸与活塞磨损造成配合间隙过大，正时齿轮、凸轮轴磨损引起配气正时失准，点火系故障，化油器、汽油泵及管路故障。

附加作业：研磨气门，更换损坏衬垫，更换活塞或视情况镗缸，更换活塞环，更换正时齿轮或凸轮轴，检修、调整或更换有关故障元件。

3. 汽缸压力

检测结果：压力低于规定值的 85%，各缸压力差大于各缸规定值的 10%。

故障诊断：汽缸与活塞磨损造成配合间隙过大；活塞环磨损、断裂。

附加作业：研磨气门，视情况更换故障元件，视情况镗缸或更换活塞，更换活塞环，更换磨损零件或调整配气正时。

4. 曲轴箱窜气量

检测结果：窜气量：发动机转速 100 r/min 为（CA1091）>40 L/min；发动机转速 2 000 r/min 为（EQ1090）>70 L/min。

故障诊断：汽缸与活塞磨损造成配合间隙过大，活塞环磨损、黏结、断裂，气门杆与导管磨损，气门密封性差。

附加作业：视情况镗缸或更换活塞。

5. 汽缸漏气量

检测结果：测量表压力值<0.25 MPa。

故障诊断：汽缸垫漏气。

附加作业：更换。

6. 进气歧管真空度

检测结果：真空度<57 kPa，波动值>5 kPa。

故障诊断：汽缸与活塞磨损造成配合间隙过大；活塞环磨损、黏结、断裂；气门杆与导管磨损，气门密封性差；汽缸垫漏气。

附加作业：视情况镗缸或更换活塞，研磨气门。

7. 发动机异响

检测结果：曲轴主轴承、连杆轴承响，活塞敲缸响，活塞销响，配气机构响。

故障诊断：轴承与轴颈磨损、烧蚀，活塞与汽缸磨损引起配合间隙增大，曲轴及连杆变形，活塞销与活塞及与连杆衬套间间隙过大，气门间隙调整不当，摇臂及轴、气门挺杆与轴承孔磨损，凸轮轴轴承间隙超差，气门座圈脱落、气门弹簧折断、正时齿轮损坏。

附加作业：应视情况拆检相关部位，更换磨损零件。

三、汽车发动机二级维护竣工检验项目和技术要求

汽车发动机二级维护竣工检验项目和技术要求：

1. 发动机工作状况检查，要求发动机能正常启动，低、中、高速运转均匀、稳定，水温正常，加速性能良好，无断缸、回火、放炮等现象，发动机运转稳定后应无异响。

2. 发动机功率无负荷功率检查，要求功率不小于额定值的 80%。

3. 发动机装置检查，要求齐全有效。

四、汽车维护工艺

1. 概述

汽车维护工艺的内容包括：日常维护、一级维护、二级维护。

日常维护属于预防性维护作业，以清洁、补给和安全检视为中心内容，是各级维护的基础。驾驶员在每天要注意的内容有：坚持出车前、行车中和收车后对车辆的安全机构及部件连接紧固情况进行“三检”，保持“四清”，防止“四漏”和保持车貌的整洁。

一级维护由维修企业负责进行。其作业范围除日常维护作业外，以清洁、紧固、润滑为中心内容，并检查制动、转向等安全部件的工作状况。

二级维护也由维修企业负责进行，以检查、调整为中心内容。主要作业有：检查、调整转向节、转向摇臂和悬架等经过一定时间使用容易磨损或变形的安全部件，并拆检轮胎，进行轮胎换位；检查调整发动机工况和排气污染控制装置等。

另外还包括走合期维护和季节性维护。

2. 汽车维护的原则、分级和周期

（1）汽车维护原则：预防为主，定期检测，强制维护。

（2）汽车维护分级：日常维护，一级维护，二级维护。

（3）汽车维护周期

日常维护：出车前，行车中，收车后。

一级维护：行驶里程 2 000～3 000 km。

二级维护：依据各地条件的不同，行驶里程在 10 000～15 000 km 范围内选定。

五、气门座圈修理技术要点

1. 座圈压入后，上端平面与基体平面平齐。当出现下列情况之一时，必须更换气门座圈：

（1）气门座圈表面有裂纹、斑点及严重烧蚀。

（2）气门座圈工作面低于汽缸盖平面 1.5 mm。

（3）气门座圈松动。

2. 气门座圈轴承孔的圆柱度误差应小于 0.05 mm，圆度误差应小于 0.02 mm，表面粗糙度 $Ra < 1.25\ \mu m$。

3. 气门座圈与轴承孔过盈量应符合要求。

六、曲轴、连杆轴承间隙调整的要点

1. 检查轴承松紧度，通常是在轴承上涂一层薄机油，将连杆装在相应的轴颈上，按规定力矩拧紧轴承螺栓，然后用手甩动连杆，连杆应能转动数圈。

2. 沿曲轴轴线扳动连杆，应无间隙感。连杆轴承应与轴承座及轴承盖密合，凸点完好，轴瓦两端的挤压高度值不小于 0.03 mm。

3. 连杆轴颈与轴承的配合间隙应符合原厂规定。

4. 用手工刮削的轴承要求接触面积不小于轴承总内部面积的 75%。

5. 在轴承表面上涂以清洁的机油，将轴承装在连杆轴颈上，按规定拧紧螺母，将连杆放平，依靠杆自身的重量徐徐下坠，用手握住连杆小端，沿轴向扳动时应无松旷感。

七、曲轴轴承、连杆轴承的刮削要点

1. 曲轴轴承刮削

曲轴轴承刮削主要是手工刮削，具体修理步骤如下：

(1) 清洁曲轴轴承座孔，检查座孔的磨损情况。

(2) 校正水平线。

(3) 刮配轴承。

(4) 检查曲轴轴承配合间隙。

2. 连杆轴承刮削

(1) 清洁连杆轴承座孔，检查座孔的磨损情况。

(2) 检查接触痕迹，确定刮削部位。

(3) 刮削轴承。

(4) 检查轴承刮削后的松紧度。

八、形位公差的项目及符号

形状公差和位置公差简称为形位公差。形位公差是研究构成零件几何特征的点、线、面等几何要素。

1. 形状公差

形状公差是构成零件的几何特征的点、线、面要素之间的实际形状相对与理想形状的允许变动量。形状公差要求的要素称为被测要素。

2. 位置公差

位置公差是零件上的点、线、面要素的实际位置相对与理想位置的允许变动量。用来确定被测要素位置的要素称为基准要素。

九、汽缸、汽缸盖、汽缸体异常损坏原因

1. 汽缸磨损的原因

（1）汽缸面轴向磨损成锥形的原因主要是发动机工作时，汽缸上部压力大，温度高，润滑油膜易被破坏，磨损较汽缸下部大。另外，汽缸表面还存在着腐蚀磨损和磨料磨损。

（2）汽缸内表面径向磨损成不规则的椭圆形与发动机的工作条件、结构、修理装配质量等原因有关。

2. 汽缸盖异常损坏的原因

（1）汽缸盖裂纹的主要原因

1）车辆在严寒季节，停车后没有及时放净发动机水道和散热器内的冷却水而冻裂。

2）发动机过热时，突然添加冷水，汽缸盖所受热应力突变产生裂纹。

3）汽缸盖铸造时残余应力的影响及汽缸盖在生产中壁厚过薄，强度不足。

（2）汽缸盖腐蚀的主要原因

使用了不符合要求的冷却液，被腐蚀的部位一般是从冷却液孔向四周呈辐射状延伸，最终导致发动机漏水，相邻汽缸发生窜气，使发动机无法正常工作。遇到此种情况，一般应更换汽缸盖。但是，也可采用钻孔铆填金属等方法修复。

（3）汽缸盖击伤的主要原因

异物落入汽缸，当发动机工作时，坚硬的异物在燃烧室中高速反复撞击，造成活塞上平面及汽缸盖损伤，严重时可以使汽缸盖出现裂纹，活塞破碎致使发动机严重受损，遇到这种情况，应更换汽缸盖。

（4）汽缸盖螺纹孔损坏的主要原因

1）装配时螺栓没有拧正。

2）使用了螺纹已损坏的螺栓。

3）螺栓的拧紧力矩过大。

4）非贯通螺孔内有污物，致使螺栓拧入时损坏螺纹。

（5）汽缸盖翘曲变形的主要原因

1）汽缸盖工作时受热不均匀。

2）装配时汽缸盖螺栓扭紧力不均匀。

3）拧紧顺序不符合规定。

4）螺纹孔中污物清理不净。

5）在高温下拆卸汽缸盖以及汽缸衬垫不平等。

3. 汽缸体异常损坏的原因

（1）汽缸体腐蚀的主要原因

与汽缸盖腐蚀的原因相同。修理时，应先选择钻孔铆填金属方法修复，无法修复或腐蚀面较大时，应报废。

（2）汽缸体螺纹孔损坏的主要原因

与汽缸盖螺纹孔损坏原因相同。汽缸体不同部位的螺纹孔损坏，对发动机的工作会产生不同的影响：

1）汽缸体上平面螺纹孔损坏，会导致发动机漏水、漏气、漏油，并经常冲坏汽缸垫。

2）汽缸体后平面螺纹孔的损坏，会导致飞轮壳在安装时产生变形，影响传动系统的正常工作。

3）油道螺纹孔的损坏将使发动机的润滑没有保证，无法持续工作。

4）主轴承盖螺纹孔的损坏，将导致汽缸体报废。

汽缸体上任何一处螺纹孔的损坏都将使得相应的零件不能得到必要的紧固，影响发动机工作的可靠性，严重的还会导致发动机的损坏。

（3）汽缸体上平面、下平面及后平面产生翘曲变形的原因

1）与汽缸盖平面翘曲变形的原因相同外，还因为汽缸体是发动机各零部件的装配基体，承受各种不同的拧紧力矩。

2）各工作零、部件的冲击载荷是导致汽缸体翘曲变形的又一重要原因。

十、曲轴、凸轮轴异常损坏原因

1. 曲轴变形的原因

（1）主轴承间隙过大，发动机在爆燃或超负荷等冲击条件下工作，使曲轴过分振动。

（2）少数汽缸不工作或工作不均衡。

（3）各道主轴承盖的松紧度不一致，使曲轴受力不均。

（4）汽缸体主轴承座孔同轴度偏差过大。

（5）驾驶操作不当，拖带挂车时起步过猛。

（6）曲轴存放不合理，长时间横放无支撑。

2. 曲轴轴颈表面出现擦伤和烧伤的原因

（1）擦伤是由于润滑油不清洁或发动机内残存有金属屑等坚硬杂物造成的。

（2）轴颈表面的烧伤是由于润滑油压力不足或轴颈与轴承之间间隙过小等原因造成的。

3. 凸轮轴异常损坏原因

（1）承受不均匀负荷。

（2）润滑油油质不好或压力不足。

十一、凸轮轴修理技术条件

1. 凸轮表面累积磨损量（包括修理加工磨削量）不超过 0.8 mm 时，允许用直接修磨的方法恢复凸轮；超过 0.8 mm 需要修理时，可在凸轮的局部或全部表面敷以补偿修复层。

2. 凸轮轮廓的升程曲线应符合原设计规定，但个别区段内的升高量允许有不大于 0.02 mm 的超差。

3. 以两端支承轴颈的公共轴线为基准，凸轮基圆的径向圆跳动公差为不大于 0.05 mm。

4. 凸轮斜角应符合原设计规定。

5. 通过凸轮升程最高点和轴线的平面，相对于正时齿轮键槽中心平面的角度偏差，不得超过$\pm 45'$。

6. 同一根凸轮的各支承轴颈的直径应修磨为同一级修理尺寸。

7. 支承轴颈直径缩小量超过使用限度时，可敷以补偿修复层，使轴颈直径恢复至原设计尺寸或修理尺寸。

8. 支承轴承的圆柱度公差为 0.005 mm。

9. 以两端支承轴颈的公共轴线为基准，中间各支承轴颈的径向圆跳动公差为 0.025 mm。

10. 安装正时齿轮的轴颈，其尺寸应符合原设计规定。以两端支承轴颈的公共轴线为基准，其轴颈的径向圆跳动和轴向止推端面的端面圆跳动公差为 0.03 mm。

11. 驱动汽油泵的偏心轮直径，允许比原设计规定的最小极限尺寸小 1.0 mm。

12. 机油泵驱动齿轮不得缺损，轮齿工作表面不得有剥落，齿厚不小于原设计规定的最小极限尺寸的 0.50 mm。

13. 支承轴颈表面粗糙度不低于 $Ra0.8\ \mu m$，凸轮和驱动机油泵的偏心轮的表面粗糙度不低于 $Ra1.6\ \mu m$，轴向止推端面的表面粗糙度不低于 $Ra3.2\ \mu m$，其他加工面的表面粗糙度应符合原设计规定。

14. 凸轮轴的凸轮和支承轴颈部位的补偿修复层的性能应满足使用要求。

15. 凸轮轴应进行探伤检查，除凸轮表面堆焊层可以有不连续成片的鱼鳞状裂纹外，不得有其他裂纹。

16. 凸轮轴的所有表面不得有毛刺、氧化皮、焊渣、气孔、渣眼、油垢和脱壳等缺陷。螺纹损伤不得超过两牙。

17. 本标准未规定的其他技术要求，应按原设计规定执行。

十二、气门、气门弹簧、气门挺杆、气门推杆、气门弹簧座、气门旋转机构检测操作要点

1. 检测气门

气门杆磨损的检测，气门杆端面磨损的检测，气门工作面磨损或烧蚀的检测，气门杆变形的检测等。

2. 检测气门弹簧

弹簧自由长度的检测，弹力的检测，气门弹簧弯曲、扭曲的检测。

3. 检测气门挺杆

气门挺杆圆度和圆柱度的检测，气门挺杆磨损的检测，气门挺杆底部球形工作面磨损的检测。

4. 检测气门推杆

气门推杆弯曲的检测，锈蚀及裂纹的检测。

5. 检测气门弹簧座

气门弹簧座变形、裂纹检测。

6. 检测气门旋转机构的零部件

摇臂轴主要是轴颈磨损和弯曲变形的检测，摇臂头部磨损的检测，摇臂轴承孔磨损的检测，调整螺钉磨损的检测。

十三、拆卸、安装正时带轮及张紧齿轮注意事项

应将曲轴带轮的正时记号和正时罩盖上的颜色标记对齐。

1. 拆卸正时带轮时的注意事项

（1）正时带轮拆卸后若再使用时，为保证按原方向组装，应用粉笔在正时带背面标上转动方向。

（2）把张紧轮弹簧安装螺栓拧回三圈。

（3）用钳子夹住张紧轮一侧的张紧轮弹簧的端部，从张紧轮支架钩上卸下弹簧。

（4）松开张紧轮安装螺栓，并卸下正时带。拆卸凸轮轴正时带轮螺栓时，应先利用专用工具固定凸轮轴正时带轮，然后再拆下凸轮轴正时带轮螺栓。

2. 安装正时带轮时的注意事项

安装时按与拆卸相反的顺序进行。安装时的注意事项：安装凸轮轴正时带轮螺栓时，应利用专用工具固定驱动盘。

3. 安装张紧轮弹簧及正时带张紧轮注意事项

（1）安装张紧轮弹簧和垫片。把螺栓充分紧固，然后退回三圈。

（2）安装正时带张紧轮。

（3）把弹簧的一端钩到张紧轮上。

（4）把旋具插入张紧轮，向箭头所指方向尽力推张紧轮并拧紧螺栓，使张紧轮牢牢地紧固在该位置。

（5）把张紧轮弹簧锁紧螺栓紧至规定值。

十四、配气机构装配与调整的注意事项

配气机构装配时按拆卸的相反顺序进行，并应注意以下事项：

1. 装配前必须对各机件进行清洗、检验。

2. 各零件必须按原位装入，不得装错。

3. 安装凸轮轴时，第一汽缸凸轮必须朝上。凸轮轴转动时，活塞不可置于上止点，以防损坏气门及活塞顶部。

4. 装凸轮轴油封及气门杆油封时，在油封外周及唇边涂油，并用专用工具安装到合适位置。

5. 各紧固件必须按规定的顺序和拧紧力矩进行拧紧。

十五、汽缸盖装配注意事项

1. 在安装汽缸盖之前，要将曲轴转动到第一缸的上止点位置。

2. 更换所有密封条和密封衬垫，并注意衬垫的位置。

3. 汽缸盖衬垫上刻有“OPEN TOP”字样的一面应该正对着汽缸盖安装。

4. 汽缸盖、气门罩盖螺栓应按规定顺序，分四次交叉对角拧紧，拧紧力矩要符合相关规定。

5. 安装汽缸垫时，有标号（配件号）的一面必须可见。

十六、汽缸磨损检测要点

1. 测量时，必须使测杆与汽缸中心线垂直。测量时应稍微摆动表杆，量缸表指示的最小读数，即为正确的汽缸直径。

2. 用量缸表测量，记住表针所指刻度。旋转表面，使“0”对准表针所指刻度。这个刻度作为测量的基数，然后将测杆在此横截面上转动90°，此时表针所指刻度与“0”位刻度之差的1/2即为该汽缸的圆度误差。

3. 在量缸表测量上部之后，将测杆下移到汽缸中部和下部，再次测量。

对于多缸发动机应取误差最大的一个缸为准。一般发动机前、后两缸磨损最大，测量时可重点测量这两个汽缸。

十七、主轴颈、连杆轴颈磨损测量操作要点

用外径千分尺先在油孔两侧测量，然后旋转90°再测量，最大直径与最小直径之差的1/2为圆度误差。

轴颈两端测得的直径差的1/2为圆柱度误差。当曲轴主轴颈与连杆轴颈的圆度和圆柱度误差大于0.025 mm时，应按修理尺寸进行磨修。

桑塔纳、捷达轿车发动机曲轴轴颈修理分为三级尺寸规格，每0.25 mm为一个级别。

富康轿车发动机曲轴尺寸为标准尺寸和修理尺寸两种。当曲轴磨损超过0.05 mm时，则应选择加大+0.30 mm级磨削曲轴，装用+0.30 mm的轴承或更换曲轴。

十八、活塞连杆组组装注意事项

1. 必须把同一缸号的活塞连杆，按活塞顶箭头和连杆铸造标记朝前的正确方向，组装活塞连杆总成。

2. 必须使用同样类型的活塞销及同样重量级别的活塞。

3. 按标记安装连杆轴承盖，并按规定力矩分四次拧紧螺栓。

十九、汽缸体与曲柄连杆机构装配与调整的注意事项

1. 曲轴与汽缸体在装配前必须彻底清洁，各油道应看不到油污存在。

2. 将已清洗干净的汽缸体倒置在工作台上。

3. 把轴承按原来的位置安置在轴承座上，衬瓦上油孔应和座上的油孔对准，其偏差不得超过0.5 mm。轴承全部装复后，用手扳动曲臂，曲轴应能转动。各道轴承间隙应符合规定。复查曲轴轴向间隙应符合规定。

4. 为了防止曲轴漏油，应注意以下三点：

（1）曲轴轴颈与轴承之间的间隙不得过大，如间隙过大，会使润滑油大量从间隙流失，并造成曲轴后端漏油，在装配时对轴承的松紧度应逐道检查。

（2）安装定位油封前，应检查油封与曲轴是否同心，如不同心，会因松紧不一致而漏油。

（3）油封松紧度应适当，过松会漏油，过紧会使轴颈摩擦阻力增大而发热，严重时会烧坏油封。

二十、电动燃油泵、喷油器、汽油压力调节器、汽油压力缓冲器的结构及工作原理

1. 电动燃油泵

（1）滚柱式油泵

1）结构。主要由直流电动机、滚柱式油泵、安全阀和单向阀组成。

2）工作原理。由转子、滚柱和泵体围成的腔室随转子转动产生容积大小变化，在容积由小变大一侧燃油被吸入，在容积由大变小一侧燃油被压出。

（2）齿轮式油泵

1）结构。齿轮式油泵主要由直流电动机、主动齿轮、从动齿轮、辅助装置组成。

2）工作原理。电动机转动时，带动主动齿轮转动，主动齿轮又带动从动齿轮转动。由于主动齿轮与从动齿轮不同心，使主动齿轮的外齿、从动齿轮的内齿和两侧面的泵壳三者之间所包含的容积在进油处周期性变大，在出油口处周期性减小，使燃油从吸入口一侧吸入，从另一侧的排油口处压出。相对于进气管真空度，系统的工作油压恒定为 300 kPa，通过电动机内部经单向阀从排出口排出。

2. 喷油器

喷油器按喷口形式可分为孔式和针阀式两种。下面仅介绍常见的针阀式喷油器。

（1）结构

由喷油器体、滤网、电磁线圈、针阀、阀体、螺旋弹簧、调整垫片等组成。

（2）工作原理

喷油器为电磁式，当电控单元发出喷射信号时，喷油器电磁线圈通电并产生磁场，吸引针阀移动从其座面上升约 0.1 mm，燃油从精密环形间隙中喷出；当电磁线圈断电时，弹簧使针阀关闭，喷油停止。

3. 汽油压力调节器

（1）结构

汽油压力调节器安装在燃油分配管上，是一种膜片控制的溢流调节器。它有一个金属外壳，一个膜片将内部空间分成弹簧室和燃油室。

（2）工作原理

当输入的汽油压力高于弹簧预紧力与进气管压力之和时，汽油推动膜片，向上压缩弹簧，打开回油阀，部分汽油流回油箱，油压降低；当输入的汽油压力低于弹簧预紧力与进气管压力之和时，回油阀关闭，油压升高。

4. 汽油压力缓冲器

（1）结构

汽油压力缓冲器是由膜片和弹簧组成的缓冲装置，膜片将内腔分为汽油室和空气室，空气室内有压力弹簧和调节螺钉。

（2）工作原理

当脉动油压进入缓冲器时，脉动压力通过膜片传给弹簧而被吸引，从而起到缓冲作用，调节螺钉可以调节控制燃油压力的大小。

二十一、进气系统检修注意事项

1. 发动机量油尺、机油加油口盖必须安装到规定位置，否则会影响发动机运行。

2. 进气软管不能有破裂，喉箍要安装紧固。因为漏气会影响空气流量计或进气压力传感器的信号，从而影响喷油量，使发动机怠速不稳，易熄火，动力性和加速性能差。

3. 真空管不能破裂、扭结，也不能插错。真空管插错会使发动机怠速不稳，甚至使各缸无规律地交替工作，或工作性能不良。

4. 喷油器应安装到位，密封圈完好。如果安装不到位或密封圈损坏，上部密封不良会漏油造成严重事故，下部密封不良会造成漏气使发动机真空度下降，运行不良，还会使进气压力传感器信号增加，喷油量增加，使混合气偏浓。

二十二、电控系统检修注意事项

1. 拆卸和安装传感器和信号开关的连接器前应首先将点火开关关闭。

2. 拆卸和安装发动机 ECU 连接器前应首先将点火开关关闭，然后拆下蓄电池负极柱上的极桩线。

3. 安装蓄电池时应特别注意正、负极，不可接反。

4. 拆蓄电池负极桩线后，发动机 ECU 所有诊断码都会被清除，因此，如有必要，应在拆蓄电池负极线前，读取诊断代码。

5. 不可用启动电源帮助启动。

6. 不可用水冲洗发动机室。

7. 检测控制系统中输入信号和发动机控制系统输出信号，不可用汽车上灯泡做试灯。

8. 万用表有指针型和液晶显示型两种，检测控制系统电阻必须使用内阻 10 MΩ 以上的液晶显示万用表。

9. 不可用刮火的方法来判断是否有电，或是不是火线。

10. 晴天拆卸、安装发动机 ECU 时应注意防止静电。

11. 车上不宜装功率超过 8 W 的无线电台。

12. 在车身上使用电弧焊时，应先断开蓄电池负极线。

二十三、硅油风扇离合器的结构与工作原理

1. 结构

由从动板、控制阀、阀片、传动销、感温器、前盖、壳体、主动板、轴承、螺钉、驱动轴、单向球阀等组成。

2. 工作原理

（1）从动板上有一小孔，常温下被控制阀片挡住，硅油不能进入工作室，风扇离合器处于分离状态。由于驱动轴与水泵轴连接，风扇装在离合器壳体上，所以，当发动机工作时，虽然驱动轴转动，风扇却随着离合器壳体在驱动轴上打滑。

（2）随着发动机温度的升高，气流温度也增加，感温器发生偏转，通过阀片传动销带动控制阀片偏转一个角度。当气流温度超过 65℃时，从动板上的进油口打开，硅油进入工作室。于是主动板、从动板及壳体之间的缝隙内进入了黏度很高的硅油，即风扇离合器处于啮合状态。

（3）当发动机温度下降，吹向感温器的气流温度低于 35℃时，阀片关闭进油口，硅油不能再进入工作室。工作室内的硅油在离心力的作用下将单向球阀顶开，硅油经过单向球阀返回到储油室，离合器又恢复到分离状态。

二十四、水泵的结构、工作原理（以 ATR 型发动机为例说明）

1. 结构

水泵主要由泵体、叶轮和水泵轴组成，叶轮一般是径向或向后弯曲的，其数目一般为 6～9 片。

2. 工作原理

当叶轮旋转时，水泵中的水被叶轮带动一起旋转，在离心力作用下，水被甩向叶轮边缘，然后经外壳上与叶轮成切线方向的出水管压送到发动机水套内。与此同时，叶轮中心处的压力降低，散热器中的水便经进水管被吸进叶轮中心部分。如此连续的作用，使冷却水在水路中不断地循环。

二十五、机油泵的分类、结构与工作原理

1. 分类

机油泵分为齿轮式和转子式两种。

2. 结构

齿轮式机油泵的壳体内装有一个主动齿轮和一个从动齿轮，主动齿轮由伸到壳体外的主动轴驱动。齿轮的齿顶与壳体内壁之间的间隙很小，主、从动齿轮啮合后，将壳体内腔分成进、出油腔，壳体上的进、出油口分别与进、出油腔相通。

3. 工作原理

发动机工作时，齿轮旋转，进油腔的容积由于齿轮脱离啮合而增大，腔内产生一定的真空度，润滑油便从进油口吸入并注满进油腔。齿轮旋转时，把齿间所存的润滑油带到出油腔。在出油腔齿轮处于啮合状态，出油腔容积减小，油压升高，润滑油便经出油口被不断地压出。

二十六、传统点火系的组成与工作原理

1. 传统点火系的组成

传统点火系由电源、分电器、点火线圈、火花塞、点火开关、附加电阻等组成。

2. 传统点火系的工作原理

接通点火开关，启动发动机。发动机凸轮轴带动分电器轴旋转，断电器凸轮使断电器触点反复地开、闭。当触点闭合时，接通点火线圈的初级电流，当触点断开时，次级线圈感应产生极高电压，其电压足以产生使火花塞的跳火能量；在发动机低速运转时，又能防止点火线圈因初级电流增加而过热。

二十七、点火线圈类型、结构与工作原理

按磁路的结构形式不同，点火线圈分为开磁路式和闭磁路式两种。

1. 开磁路式点火线圈

开磁路式点火线圈的上端装有胶木盖，其中央端头的孔为高压线插孔，其他的接线柱为低压接线柱。根据低压接线柱的数目不同，点火线圈有两接线柱式和三接线柱式之分。

2. 两接线柱式点火线圈

两接线柱式点火线圈的低压接线柱上分别标有“+”“-”的标记。三接线柱式点火线圈与两接线柱式的主要区别是外壳上装有一个附加电阻。附加电阻为固定电阻，又增加了一个低压接线柱，附加电阻接在标有“开关”和“+点火开关”的两个低压接线柱上。

二十八、火花塞的类型、型号、选配方法

1. 类型

火花塞分标准型、电极突出型、细电极型（带U形槽）、多极型、铜芯电阻型、内装电

阻型等类型。

2. 火花塞的型号

根据 ZBT37003－89《火花塞产品型号编制方法》的规定，火花塞型号由三部分组成：

第一部分用汉语拼音字母表示火花塞结构类型及主要尺寸。

第二部分用阿拉伯数字表示火花塞热值。

第三部分用汉语拼音字母表示火花塞派生产品结构特征、发火端特征、材料特性及特殊技术要求，无字母者为普通型火花塞。

3. 选配方法

通常，高压缩比、高转速、大功率的发动机选用冷型火花塞，低压缩比、低转速、小功率的发动机选用热型火花塞。

二十九、由油路、电路引起的发动机启动困难故障

1. 故障现象

发动机冷车、热车启动困难。启动时毫无着火征兆，或者有着火征兆而着火后又逐渐熄火。

2. 故障原因

(1) 供油不足、燃油泵故障、燃油有杂质或水。

(2) 混合气过稀或过浓。

(3) 火花塞、分电器、点火线圈有故障。

(4) 蓄电池电力不足、电池接头腐蚀或松动

(5) 个别缸断火不工作。

(6) 点火过迟或过早。

(7) 机械性原因，例如启动机故障。

三十、发动机怠速不稳故障

1. 故障现象

发动机怠速运转时，转速不均匀，且有抖动现象。

2. 故障原因

(1) 怠速调整螺钉调整不当。

(2) 一级怠速空气量孔或二级怠速空气量孔堵塞。

(3) 节气门固定螺钉松动和节气门松旷。

(4) 节气门边缘与怠速喷嘴的位置不合适，引起怠速不稳。

（5）进、排气歧管与汽缸接触处或化油器固定螺钉、衬垫损坏漏气。

（6）曲轴箱的单向阀密封不严漏气。

（7）个别汽缸不工作或点火时间过早。

三十一、爆震故障

1. 故障现象

（1）发动机启动后即有振抖现象，转速越高，振抖越烈。

（2）发动机发出清脆而有节奏的金属敲击声，急加速时声响更大，排气管冒黑烟。

（3）有时也发出无节奏或低沉不清晰的敲击声，并且冒黑烟。

2. 故障原因

（1）抖动原因

1）发动机支架螺栓松动，支架断裂，减振垫老化、破损、脱落。

2）发动机支承位置不当。

（2）敲击和冒烟的原因

1）喷油时间过早或过迟。

2）喷油雾化不良或喷油器滴漏，会出现规律的敲击声，并伴有放炮和冒烟现象。

三十二、发动机异响故障

1. 连杆轴承异响故障

（1）故障现象

1）它是比曲轴轴承敲击轻、缓和而短促的“铛铛”的声响，怠速时声响较小，中速时较为明显，突然加速时，敲击声随之增大。

2）当发动机负荷增加时，声响也会随之增大。

3）当发动机温度发生变化时，声响并不变化。

4）断火后声响会明显的减弱或消失。

（2）故障原因

1）连杆轴承与轴颈磨损过量，导致径向间隙过大。

2）连杆轴承盖的紧固螺栓松动或折断。

3）轴承合金烧毁或脱落。

4）连杆轴颈失圆，使轴颈与轴承之间接触不良。

5）曲轴主油道堵塞或润滑系有故障，造成轴承润滑不良。

2. 正时齿轮（或齿带、链条）异响故障

（1）故障现象

1）声响比较复杂，有时有节奏，有时无节奏，有时间断响，有时又是连续响。

2）发动机怠速运转或转速有变化时，在正时齿轮室盖处发出杂乱而轻微的噪声；转速提高后噪声消失；急减速时，此噪声尾随出现。

3）有的声响不受温度和单缸断火试验的影响；有的声响受温度影响，温度低时无噪声。温度正常后，才出现噪声。

4）有的声响伴随正时齿轮室盖振动，有的声响不伴随振动。

（2）故障原因

1）正时齿轮啮合间隙过大或过小。

2）曲轴和凸轮轴中心线不平行，造成齿轮啮合失常。

3）换曲轴和凸轮轴轴承后，改变了齿轮啮合位置。

4）凸轮轴正时齿轮松动。

5）凸轮轴正时齿轮轮齿折损，或齿轮径向破裂。

3. 气门异响故障

（1）故障现象

1）发动机怠速时，发出有节奏的“嗒嗒”声响。

2）发动机转速增高，声响也随之增高。中速以上时，声响变得模糊嘈杂。

3）发动机温度变化或断火试验，声响都不随之变化。

（2）故障原因

1）气门杆端和调整螺钉或摇臂磨损或调整不当，使气门间隙过大，导致顶置式气门的摇臂头部与气门端部碰击。

2）凸轮磨损过量，运转中挺柱产生跳动。

3）气门弹簧座脱落。

4）气门挺柱固定螺母松动或调整螺栓端面不平。

5）气门导管积炭过多而咬住气门。

三十三、发动机过热故障

1. 运行中发动机突然过热，应首先注意电流表动态。

2. 冷却水在启动后不久温度即升高至沸腾，则多为节温器主阀门脱落并横在散热器进水管内，阻碍了冷却水的大循环。

3. 汽缸垫烧坏，有时也能使水箱口向外溢水和排出气泡，呈现出冷却水沸腾的状态。

这主要是因为汽缸垫烧坏或缸盖、缸套出现裂纹，使燃烧室内高压气体窜入水套而冒出水泡。若汽缸垫或缸盖的裂纹与润滑油路相通，水箱中还会出现油迹。

4. 散热器出水管冻结。

5. 检查水泵的泵水效能。如水泵工作正常，再检查节温器的工作效能。

如节温器工作正常，发动机过热的原因可能是冷却系内部的锈污和水垢沉积太厚，或分水管锈烂丧失了分水能力等造成。

6. 车辆超载或长时间用低速挡行驶。

辅导练习题

一、判断题（下列判断正确的请在括号内打“√”，错误的打“×”）

1. 汽车在进行二级维护之后再进行检测。（ ）

2. 汽车二级维护作业完成后还要由生产企业进行竣工检验。（ ）

3. 在汽车发动机二级维护前检测曲轴箱窜气量时要求发动机的转速为 2 000 r/min 时，曲轴箱窜气量应不大于 70 L/min。（ ）

4. 在发动机二级维护前检测机油压力时，要求怠速时，机油压力应不小于 0.1 MPa。（ ）

5. 发动机二级维护竣工检测项目汽缸漏气量检测时，当测量表压力值>0.25 MPa 时，说明汽缸漏气。（ ）

6. 当发动机二级维护竣工检测项目进气歧管真空度检测结果不符合规定时，附加作业项目有视情况镗缸或更换活塞、研磨气门等。（ ）

7. 二级维护由生产企业负责进行，在完成一级维护作业外，以检查、调整为中心内容。（ ）

8. 汽车一级维护的维护周期为行驶里程 2 000～2 500 km。（ ）

9. 汽车在维修企业进行二级维护后，必须进行竣工检验，并且各项目参数应符合国家或行业及地方标准。（ ）

10. 在汽车发动机二级维护竣工检验项目中，发动机功率无负荷功率检查，要求功率不大于额定值的 80%。（ ）

11. 气门座圈修理技术要求：气门座圈工作面高于汽缸盖平面 1.5 mm。（ ）

12. 气门座圈修理技术要求：座圈压入后，上端平面与基体平面平齐。（ ）

13. 连杆轴承间隙调整时要完好，轴瓦两端的挤压高度值不小于 0.03 mm。（ ）

14. 连杆轴承间隙调整时，沿曲轴轴线扳动连杆，应有一定的间隙。（ ）

15. 活塞环装配时要求漏光处的缝隙应不小于 0.03 mm。 ( )

16. 活塞环装配时要求同一环上漏光弧长所对应的圆心角总和不超过 45°。 ( )

17. 曲轴轴承刮削主要是机械刮削。 ( )

18. 曲轴轴承刮削的具体修理步骤中，需要校正垂直轴线。 ( )

19. 形位公差包括形状公差和位置公差。 ( )

20. 形状公差是构成零件的线性特征的实际形状相对与理想形状的允许变动量。( )

21. 通过技术检验，可将零件分为可用件、待修件和报废件三类。 ( )

22. 可用件是指通过各种修理工艺，可恢复基本尺寸、几何形状和位置、力学性能及配合关系的零件。 ( )

23. 汽缸面轴向磨损成锥形的主要原因是发动机工作时，汽缸上部压力大，温度高，润滑油膜易被破坏，磨损较汽缸上部大。 ( )

24. 汽缸盖工作时受热不均匀能造成汽缸盖翘曲变形。 ( )

25. 汽缸体主轴承座孔同轴度偏差过小是造成曲轴变形的原因。 ( )

26. 曲轴轴颈表面擦伤是由于润滑油不清洁或发动机内残存有金属屑等坚硬杂物造成。 ( )

27. 凸轮表面累积磨损量（包括修理加工磨削量）不超过 0.8 mm 时，可在凸轮的局部或全部表面敷以补偿修复层。 ( )

28. 凸轮轴的所有表面不得有毛刺、氧化皮、焊渣、气孔、渣眼、油垢和脱壳等缺陷。螺纹损伤不得超过两牙。 ( )

29. 气门弹簧检测项目包括弹簧自由长度的检测，弹力的检测，气门弹簧弯曲、扭曲的检测。 ( )

30. 气门推杆检测项目有气门推杆弯曲的检测和锈蚀及裂纹的检测。 ( )

31. 拆卸正时带轮时应注意把张紧轮弹簧安装螺栓拧回一圈。 ( )

32. 安装张紧轮弹簧和垫片时应把螺栓充分紧固，然后前进三圈。 ( )

33. 安装正时齿轮时，凸轮轴正时齿轮的键槽应朝正下方。 ( )

34. 拆下正时带张紧轮之后，绝不能转动曲轴和凸轮轴。 ( )

35. 配气机构装配与调整时，应注意各零件必须按原位装入，不得装错。 ( )

36. 配气机构装配与调整时，应注意各紧固件必须按规定的顺序和拧紧力矩进行拧紧。 ( )

37. 在安装汽缸盖之前，要将曲轴转动到第六缸的上止点位置。 ( )

38. 安装汽缸垫时，有标号（配件号）的一面必须可见。 ( )

39. 汽缸体在装配时，应更换所有的密封件。 ( )

40. 汽缸体在拧紧主轴承盖紧固螺栓时，不能一次拧紧，应分几次从中间到两端逐步拧紧。（ ）

41. 在测量汽缸磨损时，必须使测杆与汽缸中心线保持水平。（ ）

42. 一般发动机前、后两缸磨损最大，测量时可重点测量这两个汽缸。（ ）

43. 测量主轴颈、连杆轴颈磨损时，应用水平尺在油孔两侧测量。（ ）

44. 测量主轴颈、连杆轴颈磨损时，轴颈两端测得的直径差的 1/2 为圆柱度误差。（ ）

45. 在组装活塞连杆组时应注意必须把同一缸号的活塞连杆，按活塞顶箭头和连杆铸造标记朝后的正确方向，组装活塞连杆总成。（ ）

46. 组装活塞连杆组时，应按标记安装连杆轴承盖，并按规定力矩分四次拧紧螺栓。（ ）

47. 在汽缸体与曲柄连杆机构装配与调整的注意事项中，应将已清洗干净的汽缸体倒置在工作台上。（ ）

48. 曲轴轴颈与轴承之间的间隙不得过大，如间隙过大，会使润滑油大量从间隙流失。（ ）

49. 燃油泵与油箱之间应有一个很小的间隙，以防油泵将振动传给油箱。（ ）

50. 燃油泵借用支架安装在油箱上，为防止油泵振动而引起的噪声，使用了海绵垫。（ ）

51. 进气系统的真空管插错会使发动机怠速不稳，甚至使各缸无规律地交替工作，或工作性能不良。（ ）

52. 进气系统漏气会影响空气流量计或进气压力传感器的信号，从而影响喷油量。（ ）

53. 在检修燃油系统拆卸有油管时，应先卸压。以防止较高压力的燃油喷洒出来引起火灾。（ ）

54. 释放油压后，在维修燃油管路或接头时，将有少量燃油泄出。（ ）

55. 拆卸、安装传感器和信号开关的连接器前应首先将点火开关关闭。（ ）

56. 检测控制系统中输入信号和发动机控制系统输出信号，可用汽车上灯泡作试灯。（ ）

57. 蜡式节温器在橡胶管和感应体之间的空间里装有石蜡，为提高导热性，石蜡中常掺有铁粉。（ ）

58. 蜡式节温器在常温时，石蜡呈固态，弹簧将主阀门推向下方，使之压在阀座上。（ ）

59. 硅油风扇离合器在常温下从动板上有一小孔，被控制阀片挡住硅油不能进入工作室。（　　）

60. 硅油风扇离合器处于分离状态时，在当发动机工作时，风扇会随着离合器壳体在驱动轴上打滑。（　　）

61. 水泵的叶轮一般是径向或向前弯曲的。（　　）

62. 叶轮中心处的压力降低时，散热器中的水便经进水管被吸进叶轮中心部分。（　　）

63. 机油泵最常见的类型为齿轮式机油泵。（　　）

64. 齿轮式机油泵的壳体内装有一个主动齿轮和一个从动齿轮，主动齿轮由伸到壳体外的从动轴驱动。（　　）

65. 接通点火开关启动发动机，发动机曲轴带动分电器轴旋转。（　　）

66. 当断电器触点断开时，初级线圈感应产生极高电压，为火花塞的跳火提供能量。（　　）

67. 分电器分火头作用是按发动机的工作顺序依次分配高压电至各缸火花塞上。（　　）

68. 断电器凸轮的凸角数比发动机的汽缸数多一个，且凸轮由分电器轴驱动运转。（　　）

69. 闭磁路式点火线圈多用于传统点火系。（　　）

70. 开磁路式点火线圈的上端装有胶木盖，其中央端头的孔为高压线插孔。（　　）

71. 火花塞的型号通常由三部分组成，第一部分用汉语拼音字母表示火花塞热值。（　　）

72. 通常高压缩比、高转速、大功率的发动机选用细电极型火花塞。（　　）

73. 油路、电路故障都可以引起发动机启动困难。（　　）

74. 当启动机有故障时，也可以引起发动机启动困难。（　　）

75. 发动机怠速运转时，转速不均匀且有抖动现象，则说明发动机加速不良。（　　）

76. 当怠速调整螺钉调整不当时，会造成发动机怠速不稳。（　　）

77. 当发动机发出清脆而有节奏的金属敲击声时，可能是启动困难故障。（　　）

78. 喷油时间过早或过迟都可能是造成发动机有敲击声或冒烟的原因。（　　）

79. 当发动机发出缓和而短促的“铛铛”声响时，可能是曲轴异响造成。（　　）

80. 当凸轮磨损过量时，运转中挺柱会产生跳动，造成气门异响。（　　）

81. 冷却水在启动后不久，温度即升高至沸腾，则多为节温器主阀门脱落并横在散热器进水管内，阻碍了冷却水的大循环造成。（　　）

82. 如节温器工作正常，发动机过热的原因可能是冷却系内部的锈污和水垢沉积太厚造成。（　　）

83. 依次取下各缸高压分线，若某缸断火后发动机运转更加不稳定，则说明该缸不工作。（ ）

84. 缺火缸的原因可能是高压线、分电器盖漏电或分电器断电触点间隙不均匀造成。（ ）

二、单项选择题（下列每题有4个选项，其中只有1个是正确的，请将其代号填写在横线空白处）

1. 汽车二级维护作业完成后还要再由________进行竣工检验，竣工检验合格的车辆，在维修企业填写完《汽车维护竣工出厂合格证》后方可出厂。

A. 维修企业　　B. 生产企业

C. 销售企业　　D. 驾驶员

2. 为了确定汽车二级维护的检测项目，在检测前需根据汽车技术档案的记录资料和________来进行。

A. 维修人员的检测结果　　B. 驾驶员反映的车辆使用技术状况

C. 车辆的维修记录　　D. 车辆运行记录

3. 汽车发动机在进行二级维护前，应对发动机功率进行检测，要求功率不小于额定值的________。

A. 60％　　B. 70％

C. 80％　　D. 90％

4. 在汽车发动机二级维护前的检测项目中的汽缸漏气量检测，要求汽缸漏气量检验仪指示的气压值应不大于________。

A. 0.20 MPa　　B. 0.25 MPa

C. 0.30 MPa　　D. 0.35 MPa

5. 当发动机二级维护竣工检测项目进气歧管真空度的检测结果不符合规定时，其附加作业项目为________。

A. 调整配气正时　　B. 更换气门

C. 更换活塞环　　D. 研磨气门

6. 在发动机二级维护竣工检测时，如果发动机异响，则确定的附加作业项目为________。

A. 更换磨损零件　　B. 更换气门

C. 研磨气门　　D. 调整配气正时

7. 在汽车维护工艺中是各级维护基础的是________。

A. 日常维护　　B. 一级维护

C. 二级维护　　D. 季节性维护

8. 汽车维护的原则是预防为主，定期检测和________。

A. 及时修理　　B. 定期更换

C. 强制维护　　D. 自主选择维护

9. 汽车在维修企业进行________后，必须进行竣工检验并且各项目参数应符合国家或行业及地方标准。

A. 一级维护　　B. 二级维护

C. 日常维护　　D. 季节维护

10. 汽车发动机二级维护竣工检验项目中，在进行发动机功率无负荷功率检查时，要求功率不小于额定值的________。

A. 60%　　B. 70%

C. 80%　　D. 90%

11. 气门座圈工作面低于汽缸盖平面________。

A. 1.0 mm　　B. 1.5 mm

C. 2.0 mm　　D. 2.5 mm

12. 气门座圈压入后，________平面与基体平面平齐。

A. 上端　　B. 下端

C. 左端　　D. 右端

13. 用手工刮削的轴承要求接触面积不小于轴承总内部面积的________。

A. 70%　　B. 75%

C. 80%　　D. 85%

14. 轴瓦两端的挤压高度值不小于________。

A. 0.03 mm　　B. 0.3 mm

C. 0.05 mm　　D. 0.5 mm

15. 活塞环其他部位每处的漏光弧长所对应的圆心角不得超过________。

A. 20°　　B. 25°

C. 30°　　D. 45°

16. 同一环上漏光弧长所对应的圆心角总和不超过________。

A. 20°　　B. 25°

C. 30°　　D. 45°

17. 曲轴轴承刮削主要是手工刮削，在具体修理步骤中需要校正________线。

A. 水平　　B. 垂直

C. 斜交　　　　D. 平行

18. 连杆轴承刮削后，还应检查________。

A. 圆柱度　　　　B. 松紧度

C. 圆度　　　　D. 弯曲度

19. 形状公差是指构成零件的几何特征要素________之间的实际形状相对与理想形状的允许变动量。

A. 点、线、面　　　　B. 点、面

C. 点、线　　　　D. 线、面

20. 通过技术检验，可将零件分为________、待修件和报废件三类。

A. 可用件　　　　B. 标准件

C. 新件　　　　D. 旧件

21. 报废件是指耗损严重，其尺寸、形状、位置和配合关系，不仅超过了许用尺寸或许用配合要求，甚至接近或超过维修技术数据中规定的使用极限，是________的零件。

A. 可修复　　　　B. 可检测

C. 可使用　　　　D. 无修复价值

22. 汽缸内表面________磨损成不规则的椭圆形与发动机的工作条件、结构、修理装配质量等原因有关。

A. 轴向　　　　B. 径向

C. 水平　　　　D. 垂直

23. 主轴承盖螺纹孔的损坏，将导致________报废。

A. 汽缸体　　　　B. 汽缸

C. 汽缸盖　　　　D. 汽缸壁

24. 曲轴轴颈表面的烧伤是由于________或等原因造成的。

A. 润滑油压力过高　　　　B. 润滑油压力不足

C. 轴颈与轴承之间间隙过大　　　　D. 发动机内残存有金属屑等坚硬杂物

25. ________是造成曲轴变形的原因。

A. 主轴承间隙过大　　　　B. 主轴承间隙过小

C. 发动机内残存有金属屑等坚硬杂物　　　　D. 汽缸体主轴承座孔同轴度偏差过小

26. 机油泵驱动齿轮不得缺损，轮齿工作表面不得有剥落，齿厚不小于原设计规定的最小极限尺寸的________。

A. 0.05 mm　　　　B. 0.25 mm

C. 0.50 mm　　　　D. 0.55 mm

27. 汽车发动机凸轮轴修理技术条件中，要求以两端支承轴颈的公共轴线为基准，凸轮基圆的径向圆跳动公差为不大于________。

A. 0.05 mm　　B. 0.25 mm

C. 0.50 mm　　D. 0.55 mm

28. 气门旋转机构中摇臂轴的检测项目主要是________的检测。

A. 轴颈磨损和弯曲变形　　B. 烧结

C. 锈蚀　　D. 断裂

29. 气门弹簧座的检测项目有________。

A. 锈蚀　　B. 变形、裂纹检测

C. 烧结　　D. 砂眼

30. 拆卸正时带轮时应注意把张紧轮弹簧安装螺栓拧回________圈。

A. 一　　B. 二

C. 三　　D. 四

31. 安装张紧轮弹簧和垫片时应把螺栓充分紧固，然后退回________圈。

A. 一　　B. 二

C. 三　　D. 四

32. 安装正时齿轮时，凸轮轴正时齿轮的键槽应朝________。

A. 正上方　　B. 左上方

C. 右上方　　D. 正下方

33. 切勿使用旋具之类的工具拆卸正时齿带，且拆下后切勿________弯曲正时齿带，以防损坏。

A. 缓慢　　B. 以很小的半径急剧

C. 以正常标准半径　　D. 轻轻

34. 安装凸轮轴时，第________汽缸凸轮必须朝上。

A. 一　　B. 二

C. 三　　D. 四

35. 安装凸轮轴时，第一汽缸凸轮必须朝________。凸轮轴转动时，活塞不可置于上止点，以防损坏气门及活塞顶部。

A. 上　　B. 下

C. 左　　D. 右

36. 在安装汽缸盖之前，要将曲轴转动到第________缸的上止点位置。

A. 一　　B. 二

C. 三　　　　　　　　　　D. 六

37. 汽缸盖、气门罩盖螺栓应按规定顺序，分________次交叉对角拧紧，拧紧力矩要符合相关规定。

A. 一　　　　　　　　　　B. 二

C. 三　　　　　　　　　　D. 四

38. 拧紧主轴承盖紧固螺栓时，不能一次拧紧，应分几次从________逐步拧紧。

A. 一侧　　　　　　　　　B. 中间

C. 两端到中间　　　　　　D. 中间到两端

39. 汽缸体在装配时，3 号轴瓦两端有半圆形止推环，注意定位及开口的安装方向必须朝向________。

A. 轴瓦　　　　　　　　　B. 油槽

C. 标记　　　　　　　　　D. 上面

40. 在测量汽缸磨损时，必须使测杆与汽缸中心线________。

A. 水平　　　　　　　　　B. 垂直

C. 相交　　　　　　　　　D. 重合

41. 用量缸表测量，记住表针所指刻度。旋转表面，使“0”对准表针所指刻度。然后将测杆在此横截面上转动________，此时表针所指刻度与“0”位刻度之差的 1/2 即为该汽缸的圆度误差。

A. 30°　　　　　　　　　B. 45°

C. 90°　　　　　　　　　D. 180°

42. 测量主轴颈、连杆轴颈磨损时，轴颈两端测得的直径差的________为圆柱度误差。

A. 1/5　　　　　　　　　B. 1/4

C. 1/3　　　　　　　　　D. 1/2

43. 当曲轴主轴颈与连杆轴颈的圆度和圆柱度误差大于________时，应按修理尺寸进行磨修。

A. 0.002 5 mm　　　　　　B. 0.025 mm

C. 0.25 mm　　　　　　　D. 0.005 mm

44. 在组装活塞连杆组时，须把同一缸号的活塞连杆按活塞顶箭头和连杆铸造标记朝________的正确方向，组装活塞连杆总成。

A. 前　　　　　　　　　　B. 后

C. 左　　　　　　　　　　D. 右

45. 组装活塞连杆组时，要求按标记安装连杆轴承盖，并按规定力矩分________次拧紧螺栓。

A. 一　　B. 二

C. 三　　D. 四

46. 曲轴与汽缸体在装配前必须彻底清洁，各油道应看不到油污的存在。将已清洗干净的汽缸体________在工作台上。

A. 正置　　B. 倒置

C. 侧置　　D. 随便

47. 为防曲轴漏油，曲轴轴颈与轴承之间的间隙不得过大，否则会造成曲轴后端漏油，在装配时对轴承的________应逐道检查。

A. 圆度　　B. 圆柱度

C. 松紧度　　D. 弯曲度

48. 滚柱式油泵主要由直流电动机、滚柱式油泵、________和单向阀组成。

A. 安全阀　　B. 换向阀

C. 主油压调节阀　　D. 节流阀

49. 针阀式喷油器为电磁式，当电控单元发出喷射信号时，喷油器电磁线圈通电并产生磁场，吸引针阀移动从其座面上升约________，燃油从精密环形间隙中喷出。

A. 0.01 mm　　B. 0.1 mm

C. 0.02 mm　　D. 0.2 mm

50. 进气软管不能有破裂，喉箍要安装紧固。因为漏气会影响空气流量计或进气压力传感器的信号，从而影响________，使发动机怠速不稳。

A. 进气量　　B. 排气量

C. 喷油量　　D. 空燃比

51. 进气系统在检修时，要求真空管不能插错，否则会使发动机________。

A. 功率不足　　B. 抖动

C. 加速不良　　D. 怠速不稳

52. 燃油系统检修拆卸油管前首先应________。

A. 卸压　　B. 保压

C. 加压　　D. 接燃油压力表

53. 下列对于燃油系统卸压的过程叙述中，需要最先做的是________。

A. 松开油箱上的加油盖，释放油箱中的蒸汽压力

B. 连接三通油压表

C. 打开三通油压表的切断阀

D. 维修燃油管路或接头

54. 检测电控系统电阻必须使用内阻________以上的液晶显示万用表。

A. 5 MΩ　　B. 10 MΩ

C. 12 MΩ　　D. 15 MΩ

55. 当拆下________后，发动机 ECU 所有诊断码都会被清除。

A. 蓄电池正极桩线　　B. 蓄电池负极桩线

C. 蓄电池正、负极桩线　　D. 传感器

56. 蜡式节温器在橡胶管和感应体之间的空间里装有石蜡，为提高导热性，石蜡中常掺有________。

A. 铁粉　　B. 硅粉

C. 铜粉　　D. 硫酸

57. 蜡式节温器在常温时，石蜡呈固态，弹簧将主阀门推向上方，使之压在阀座上，________。

A. 主阀门关闭　　B. 主阀门开启

C. 副阀门关闭　　D. 副阀门开启

58. 对于硅油风扇离合器，当气流温度超过________时，从动板上的进油口打开，硅油进入工作室。

A. 50℃　　B. 55℃

C. 60℃　　D. 65℃

59. 硅油风扇离合器当发动机温度下降，吹向感温器的气流温度低于________时，阀片关闭进油口，硅油不能再进入工作室。

A. 25℃　　B. 30℃

C. 35℃　　D. 65℃

60. 水泵的叶轮一般是径向或向后弯曲的，其数目一般为________片。

A. 5～6　　B. 6～8

C. 6～9　　D. 8～9

61. 当叶轮旋转时，叶轮中心处的压力________，散热器中的水便经进水管被吸进叶轮中心部分。

A. 降低　　B. 升高

C. 不变　　D. 忽高忽低

62. 齿轮式机油泵壳体内的主动齿轮由伸到壳体外的________驱动。

A. 主动轴　　B. 从动轴

C. 驱动轴　　D. 中间轴

63. 发动机工作时，齿轮旋转，进油腔的容积由于________，润滑油便从进油口吸入并注满进油腔。

A. 齿轮进入啮合而减少　　B. 齿轮进入啮合而增大

C. 齿轮脱离啮合而减少　　D. 齿轮脱离啮合而增大

64. 在传统点火系中，分电器工作时，接通点火开关启动发动机，发动机凸轮轴带动分电器轴旋转，________使断电器触点反复地开、闭。

A. 分电器轴　　B. 断电器凸轮

C. 曲轴　　D. 凸轮轴

65. 传统分电器工作时，当断电器触点闭合时，接通点火线圈的________。

A. 初级电流　　B. 初级电压

C. 次级电流　　D. 次级电压

66. 传统分配器，断电触点间隙一般为________。

A. 0.25～0.30 mm　　B. 0.25～0.35 mm

C. 0.35～0.40 mm　　D. 0.35～0.45 mm

67. 断电器凸轮的凸角数与发动机的汽缸数________，且凸轮由分电器轴驱动运转。

A. 多一个　　B. 少一个

C. 随实际情况而定　　D. 相等

68. 两接线柱式点火线圈的________接线柱上分别标有“+”“-”的标记。

A. 低压　　B. 高压

C. 绝缘　　D. 所有

69. 三接线柱式点火线圈与两接线柱式的主要区别是外壳上装有一个________。

A. 初级线圈　　B. 次级线圈

C. 附加电压　　D. 附加电阻

70. 下列不属于火花塞的类型的是________。

A. 标准型　　B. 电极空出型

C. 粗电极型　　D. 铜芯电阻型

71. 在火花塞的型号中，第二部分用阿拉伯数字表示火花塞的________。

A. 结构类型　　B. 主要尺寸

C. 热值　　D. 发火端特征

72. 当发动机启动时毫无着火征兆，则此时可能的故障为________。

A. 发动机启动困难　　B. 发动机异响

C. 发动机缺缸　　D. 发动机怠速不稳

73. 下列对于引起发动机启动困难故障的原因叙述不正确的是________。

A. 供油不足　　B. 供油过量

C. 燃油有杂质或水　　D. 蓄电池电力不足

74. 发动机怠速不稳故障的故障现象为________。

A. 转速过高　　B. 转速过低

C. 抖动　　D. 冒黑烟

75. 对于发动机怠速不稳的故障原因叙述正确的是________。

A. 点火时间过迟　　B. 点火时间过早

C. 曲轴箱的单向阀密封过严　　D. 三级怠速空气量孔堵塞

76. 下列________不是发动机抖动的原因。

A. 支架螺栓松动　　B. 支架断裂

C. 减振垫老化　　D. 减振垫过厚

77. 下列是发动机爆震故障的故障现象的是________。

A. 排气管冒水蒸气　　B. 振抖

C. 转速不均匀　　D. 热车启动困难

78. 连杆轴承异响的故障原因可能是________。

A. 连杆轴承与轴颈磨损过量　　B. 轴颈与轴承之间接触过紧

C. 径向间隙过小　　D. 轴承过度润滑

79. 发动机转速增高，气门声响也随之增高。在________以上时，声响变得模糊嘈杂。此为气门异响的故障现象。

A. 低速　　B. 中速

C. 高速　　D. 超速

80. 如运行中发动机突然过热，若加大油门时电流表不指示________，指针只是由放电 3～5 A 间歇摆回“0”位，说明风扇传动带断裂。

A. 充电　　B. 断电

C. 短路　　D. 断路

81. 如电流表指示充电，则应使发动机熄火，用手触摸散热器和发动机，若发动机温度过高而散热器温度低，说明________。

A. 冷却系漏水　　B. 车辆超载

C. 节温器工作不正常　　D. 水泵轴与叶轮松脱

82. 诊断缺火缸的步骤叙述正确的是________。

A. 同时取下各缸低压分线，若某缸断火后发动机运转更加不稳定，说明该缸工作正常

B. 依次取下各缸高压分线，若某缸断火后发动机运转更加不稳定，说明该缸不工作

C. 依次取下各缸高压分线，若发动机运转无变化，说明该缸不工作

D. 同时取下各缸高压分线，若发动机运转无变化，说明该缸工作正常

83. 下列对于缺火缸的原因分析正确的是________。

A. 取下缺火缸的高压线，使线端距离缸盖 4～5 mm，在发动机运转时，若高压线端没有周期性的高压火花，说明该缸火花塞存在故障

B. 取下缺火缸的高压线，使线端距离缸盖 4～5 mm，若有高压火花，说明该高压线、分电器盖漏电或分电器断电触点间隙不均匀

C. 将高压线与火花塞接好，从分电器上取下另一端，并距离分电器盖插孔 4～5 mm。当发动机运转时若该间隙处周期性的有高压火花产生，说明高压线漏电

D. 将高压线与火花塞接好，从分电器上取下另一端，并距离分电器盖插孔 3～5 mm。若无高压火花，说明分电器盖或断电触点间隙有故障

三、多项选择题（下列每题中的多个选项中，至少有 2 个是正确的，请将正确答案的代号填在横线空白处）。

1. 汽车技术档案的记录资料包括________及检测记录等。

A. 维修记录　　B. 总成修理记录

C. 发动机修理记录　　D. 车辆运行记录

2. 通过驾驶员反映的车辆使用技术状况包括________、异响及燃、润料消耗等。

A. 汽车动力性　　B. 汽车制动性

C. 转向灵活性　　D. 汽车舒适性

3. 汽车发动机二级维护前的检测项目中，在检测进气歧管的真空度时要求在发动机处于怠速运转转速为 500～600 r/min 时应满足________。

A. 真空度应为 50～70 kPa　　B. 真空度应为 60～70 kPa

C. 波动值应不大于 5 kPa　　D. 波动值应不小于 5 kPa

4. 发动机二级维护前的发动机异响检测，包括________。

A. 曲柄连杆机构异响　　B. 配气机构异响

C. 冷却系异响　　D. 润滑系异响

5. 在进行发动机二级维护附加作业检测项目发动机动力性检测时，如果测得发动机功率低于原厂规定的 80%。单缸转速降小于 90 r/min、各缸转速降相差大于发动机转速的

25%时，则故障诊断可能为________。

A. 气门与气门座之间的密封性变差

B. 活塞环磨损、断裂

C. 正时齿轮、凸轮轴磨损引起配气正时失准

D. 汽缸与活塞磨损造成配合间隙过大

6. 在发动机二级维护附加竣工检测项目确定时汽缸压力检测结果为压力低于规定值的85%、各缸压力差大于各缸规定值的 10%时，其附加作业项目有________。

A. 研磨气门　　B. 视情况镗缸或更换活塞

C. 更换磨损零件或调整配气正时　　D. 更换活塞环

7. 汽车一级维护由维修企业负责进行。其作业范围除日常维护作业外，以________为中心内容。

A. 清洁　　B. 紧固

C. 润滑　　D. 维修

8. 下列属于二级维护检查、调整的项目是________。

A. 检查制动、转向等安全部件的工作状况　　B. 检查、调整转向节、转向摇臂

C. 拆检轮胎　　D. 轮胎换位

9. ________属于汽车发动机二级维护竣工检验项目。

A. 发动机工作状况检查　　B. 发动机功率无负荷功率检查

C. 发动机装置检查　　D. 发动机配气相位的检查

10. 汽车发动机二级维护竣工检验项目中，对于发动机工作状况检查，要求________。

A. 发动机能正常启动　　B. 低、中、高速运转均匀、稳定

C. 无断缸、回火、放炮等现象　　D. 发动机运转稳定后应无异响

11. 出现下列________情况时，必须更换气门座圈。

A. 气门座圈表面有裂纹、斑点及严重烧蚀

B. 气门座圈工作面低于汽缸盖平面 1.5 mm

C. 气门座圈松动

D. 气门座圈工作面高于汽缸盖平面 1.5 mm

12. 气门座圈轴承孔的技术要求为________。

A. 圆柱度误差应大于 0.05 mm　　B. 圆度误差应小于 0.02 mm

C. 表面粗糙度 $Ra < 1.25\ \mu m$　　D. 圆柱度误差应小于 0.05 mm

13. 下列是曲轴、连杆轴承间隙调整要点的是________。

A. 沿曲轴轴线扳动连杆，应无间隙感

B. 连杆轴承应与轴承座及轴承盖密合

C. 轴瓦两端的挤压高度值不小于 0.03 mm

D. 轴瓦两端的挤压高度值不大于 0.03 mm

14. ________为连杆轴承松紧度的检查方法。

A. 在轴承上涂一层薄机油，将连杆装在相应的轴颈上

B. 在轴承上涂一层薄汽油，将连杆装在相应的轴颈上

C. 按规定力矩拧紧轴承螺栓，然后用撬棍撬动连杆，连杆应能转动数圈

D. 按规定力矩拧紧轴承螺栓，然后用手甩动连杆，连杆应能转动数圈

15. 属于为活塞环装配的技术要求的是________。

A. 活塞环端面平整，装入环槽内应能转动灵活，不卡滞

B. 漏光处的缝隙应不大于 0.03 mm

C. 同一环上漏光弧长所对应的圆心角总和不超过 45°

D. 一般要求活塞环外围工作面在开口处 30°范围内不许漏光

16. 下列对于活塞环装配的技术要求叙述不正确的是________。

A. 活塞环端面平整，装入环槽内应能转动灵活，不卡滞

B. 漏光处的缝隙应不大于 0.3 mm

C. 一般要求活塞环外围工作面在开口处 30°范围内可以轻微漏光

D. 不同环上漏光弧长所对应的圆心角总和不超过 45°

17. 符合曲轴轴承刮削步骤要求的是________。

A. 清洁曲轴轴承座孔，检查座孔的磨损情况

B. 校正水平线

C. 刮配轴承

D. 检查曲轴轴承配合间隙

18. 符合连杆轴承刮削的步骤要求的是________。

A. 清洁连杆轴承座孔，检查座孔的磨损情况

B. 检查接触痕迹，确定刮削部位

C. 刮削轴承

D. 检查轴承刮削后的松紧度

19. 属于简称为形位公差要求的是________。

A. 形状公差　　B. 位置公差

C. 形态公差　　D. 线形公差

20. 构成位置公差零件的几何三要素有________。

A. 点　　B. 线
C. 圆　　D. 面

21. 通过技术检验，可将零件分为________三类。
A. 可用件　　B. 待修件
C. 报废件　　D. 标准件

22. 待修件是指通过各种修理工艺，可恢复________的零件。
A. 基本尺寸　　B. 几何形状和位置
C. 力学性能　　D. 配合关系

23. 汽缸体螺纹孔损坏产生的影响有________。
A. 汽缸体上平面螺纹孔损坏，会导致发动机漏水、漏气、漏油
B. 汽缸体后平面螺纹孔的损坏，会导致飞轮壳在安装时产生变形
C. 油道螺纹孔的损坏将使发动机的润滑没有保证，无法持续工作
D. 主轴承盖螺纹孔的损坏，将导致汽缸体报废

24. ________是汽缸盖产生裂纹的主要原因。
A. 车辆在严寒季节，停车后没有及时放净发动机水道和散热器内的冷却水而冻裂
B. 发动机过热时，突然添加冷水，汽缸盖所受热应力突变产生裂纹
C. 汽缸盖铸造时残余应力的影响及汽缸盖在生产中壁厚过薄，强度不足
D. 使用了不符合要求的冷却液

25. ________是曲轴变形的原因。
A. 发动机在爆燃或超负荷等冲击条件下工作
B. 主轴承间隙过大
C. 少数汽缸不工作或工作不均衡
D. 汽缸体主轴承座孔同轴度偏差过大

26. 下列属于凸轮轴异常损坏原因的是________。
A. 承受不均匀负荷　　B. 润滑油油质不好
C. 润滑油压力不足　　D. 少数汽缸不工作或工作不均衡

27. 对于汽车发动机凸轮轴修理技术条件叙述正确的是________。
A. 驱动汽油泵的偏心轮直径，允许比原设计规定的最大极限尺寸小 1.0 mm
B. 驱动汽油泵的偏心轮直径，允许比原设计规定的最小极限尺寸小 1.0 mm
C. 同一根凸轮的各支承轴颈的直径应修磨为同一级修理尺寸
D. 支承轴承的圆柱度公差为 0.005 mm

28. ________不是汽车发动机凸轮轴修理技术条件要求。

A. 凸轮表面累积磨损量（包括修理加工磨削量）超过 0.8 mm 时，允许用直接修磨的方法恢复凸轮

B. 凸轮轮廓的升程曲线应符合原设计规定，但个别区段内的升高量允许有不小于 0.02 mm 的超差

C. 通过凸轮升程最高点和轴线的平面，相对于正时齿轮键槽中心平面的角度偏差，不得超过±35′

D. 安装正时齿轮的轴颈，其尺寸应符合原设计规定，以两端支承轴颈的公共轴线为基准，其轴颈的径向圆跳动和轴向止推端面的端面圆跳动公差为 0.03 mm

29. 气门的检测项目包括________。

A. 气门杆磨损的检测　　B. 气门杆端面磨损的检测

C. 气门工作面磨损或烧蚀的检测　　D. 气门杆变形的检测

30. 气门挺杆的检测项目有________。

A. 气门挺杆公差的检测　　B. 气门挺杆磨损的检测

C. 气门挺杆底部球形工作面磨损的检测　　D. 气门挺杆的圆柱度检测

31. 下列________是拆卸正时带轮时的注意事项。

A. 拆卸凸轮轴正时带轮螺栓时，应先利用专用工具固定凸轮轴正时带轮，然后再拆下凸轮轴正时带轮螺栓

B. 用钳子夹住张紧轮一侧的张紧轮弹簧的端部，从张紧轮支架钩上卸下弹簧

C. 正时带轮拆卸后若再使用时，为保证按原方向组装，应用粉笔在正时带背面标上转动方向

D. 把张紧轮弹簧安装螺栓拧回两圈

32. ________是安装张紧轮弹簧及正时带张紧轮的注意事项。

A. 安装张紧轮弹簧和垫片时应把螺栓充分紧固，然后前进三圈

B. 当钩张紧轮弹簧时，注意不要使弹簧端部损坏张紧轮带轮的外缘

C. 紧固张紧轮时应把旋具插入张紧轮，向箭头所指方向尽力推张紧轮并拧紧螺栓

D. 应把张紧轮弹簧锁紧螺栓紧至规定值

33. ________是安装正时齿轮的注意事项。

A. 凸轮轴正时齿轮的键槽应朝正上方

B. 凸轮轴正时齿轮的键槽应朝正下方

C. 拆下正时带张紧轮之后，绝不能转动曲轴和凸轮轴

D. 切勿使用旋具之类的工具拆卸正时齿带，且拆下后切勿以很小的半径急剧弯曲正时齿带，以防损坏

34. 下列对于正时齿轮安装的注意事项叙述错误的是________。

A. 凸轮轴正时齿轮的键槽应朝正上方

B. 凸轮轴正时齿轮的键槽应朝正下方

C. 拆下正时带张紧轮之后，视情况可以转动曲轴和凸轮轴

D. 使用旋具之类的工具拆卸正时齿带，且拆下后必须以很小的半径急剧弯曲正时齿带，以防变形

35. 对于配气机构装配与调整的注意事项叙述正确的是________。

A. 装配前必须对各机件进行清洗、检验

B. 各零件必须按原位装入，不得装错

C. 安装凸轮轴时，第一汽缸凸轮必须朝下

D. 各紧固件必须按规定的顺序和拧紧力矩进行拧紧

36. 对于配气机构装配与调整的注意事项叙述不正确的是________。

A. 装凸轮轴油封及气门杆油封时，在油封外周及唇边涂油，并用专用工具安装到合适位置

B. 各零件必须旋转90°装入，不得装错

C. 安装凸轮轴时，第一汽缸凸轮必须朝下

D. 各紧固件必须按规定的顺序和拧紧力矩进行拧紧

37. 汽缸盖的装配注意事项有________。

A. 更换所有密封条和密封衬垫，并注意衬垫的位置

B. 汽缸盖衬垫上刻有“OPEN TOP”字样的一面应该背对着汽缸盖安装

C. 汽缸盖衬垫上刻有“OPEN TOP”字样的一面应该正对着汽缸盖安装

D. 安装汽缸垫时，有标号（配件号）的一面必须可见

38. 下列对于汽缸盖装配注意事项叙述不正确的是________。

A. 安装汽缸垫时，有标号（配件号）的另一面必须可见

B. 更换所有密封条和密封衬垫，并注意衬垫的位置

C. 在安装汽缸盖之前，要将曲轴转动到第一缸的下止点位置

D. 汽缸盖、气门罩盖螺栓应按规定顺序，一次交叉对角拧紧，拧紧力矩要符合相关规定

39. 对于汽缸体装配注意事项的叙述正确的是________。

A. 装配时应更换损坏的密封件

B. 装配时应更换所有的密封件

C. 拧紧主轴承盖紧固螺栓时，不能一次拧紧，应分几次从两端到中间逐步拧紧

D. 拧紧主轴承盖紧固螺栓时，不能一次拧紧，应分几次从中间到两端逐步拧紧

40. 下列对汽缸体装配注意事项的叙述不正确的是________。

A. 1号轴瓦两端有半圆形止推环，注意定位及开口的安装方向必须朝向轴瓦

B. 拧紧主轴承盖紧固螺栓时，不能一次拧紧，应分几次从中间到两端逐步拧紧

C. 装配时应更换所有的密封件

D. 3号轴瓦是推力轴承，轴承盖中半片无油槽，汽缸体轴承座上半片轴瓦上有油槽，装配时应记清

41. 汽缸磨损检测要点包括________。

A. 在量缸表测量上部之后，将测杆下移到汽缸中部和下部，再次测量

B. 对于多缸发动机应取误差最大的一个缸为准，一般发动机前、后两缸磨损最大，测量时可重点测量这两个汽缸

C. 测量时，必须使测杆与汽缸中心线垂直

D. 测量时应稍微摆动表杆，量缸表指示的最小读数，即为正确的汽缸直径

42. 下列对于汽缸磨损检测要点叙述不正确的是________。

A. 在量缸表测量下部之后，将测杆下移到汽缸中部和上部，再次测量

B. 对于多缸发动机应取误差最小的一个缸为准

C. 测量时，必须使测杆与汽缸中心线水平

D. 测量时应稍微摆动表杆，量缸表指示的最小读数，即为正确的汽缸直径

43. 主轴颈、连杆轴颈磨损测量操作要点叙述正确的是________。

A. 轴颈两端测得的直径差的1/2为圆柱度误差

B. 当曲轴主轴颈与连杆轴颈的圆度和圆柱度误差小于0.025 mm时，应按修理尺寸进行磨修

C. 用外径千分尺先在油孔两侧测量，然后旋转90°再测量，最大直径与最小直径之差的1/2为圆度误差

D. 桑塔纳、捷达轿车发动机曲轴轴颈修理分为三级尺寸规格，每0.25 mm为一个级别

44. 主轴颈、连杆轴颈磨损测量操作要点叙述不正确的是________。

A. 轴颈两端测得的直径差的1/4为圆柱度误差

B. 当曲轴主轴颈与连杆轴颈的圆度和圆柱度误差大于0.25 mm时，应按修理尺寸进行磨修

C. 用外径千分尺先在油孔两侧测量，然后旋转90°再测量，最大直径与最小直径之差的1/4为圆度误差

D. 轴颈两端测得的直径差的1/2为圆柱度误差

45. 在组装活塞连杆组时，要求________。

A. 按标记安装连杆轴承盖，并按规定力矩分四次拧紧螺栓

B. 必须使用同样类型的活塞销

C. 必须把同一缸号的活塞连杆，按活塞顶箭头和连杆铸造标记朝前的正确方向，组装活塞连杆总成

D. 必须使用同样质量级别的活塞

46. 下列对于活塞连杆组组装注意事项叙述不正确的是________。

A. 按标记安装连杆轴承盖，并按规定力矩一次拧紧螺栓

B. 必须使用同样类型的活塞销

C. 可以选用不同重量级别的活塞

D. 必须把同一缸号的活塞连杆，按活塞顶箭头和连杆铸造标记朝前的正确方向，组装活塞连杆总成

47. 为了防止曲轴漏油，应注意________。

A. 在装配时应对轴承的松紧度进行逐道检查，防止曲轴轴颈与轴承之间的间隙过大

B. 安装定位油封前，应检查油封与曲轴是否同心

C. 检查油封松紧度是否适当

D. 检查油封是否烧坏

48. ________为汽缸体与曲柄连杆机构装配与调整的注意事项。

A. 曲轴与汽缸体在装配前必须彻底清洁，各油道应看不到油污存在

B. 把轴承按原来的位置安置在轴承座上，衬瓦上油孔应和座上的油孔对准，其偏差不得超过0.5 mm

C. 检查曲轴轴向间隙应符合规定

D. 将已清洗干净的汽缸体倒置在工作台上

49. 电动齿轮式油泵主要由________及辅助装置组成。

A. 直流电动机　　B. 交流电动机

C. 主动齿轮　　D. 从动齿轮

50. 下列对于汽油压力缓冲器的工作过程叙述正确的是________。

A. 脉动压力进入缓冲器时，通过膜片传给弹簧而被吸引，从而起到缓冲作用

B. 脉动压力进入调节器时，通过膜片传给弹簧而被吸引，从而起到缓冲作用

C. 弹簧调节螺钉可以调节控制燃油压力的大小

D. 弹簧调节螺钉不可以调节控制燃油压力的大小

51. 下列对于进气系统检修注意事项叙述正确的是________。

A. 发动机量油尺、机油加油口盖必须安装到规定位置

B. 进气软管不能有破裂，喉箍要安装紧固

C. 真空管不能破裂、扭结，也不能插错

D. 喷油器应安装到位，密封圈完好

52. 进气软管如果破裂，则会造成________。

A. 漏气　　B. 影响喷油量

C. 发动机怠速不稳，易熄火　　D. 发动机动力性和加速性能差

53. 下列对于燃油系统的卸压方法叙述正确的是________。

A. 松开油箱上的加油盖，释放油箱中的蒸汽压力

B. 将三通油压表一端软管连接到燃油压力检测头上，将另一端软管装入准许的容器中

C. 打开三通油压表的切断阀，系统中的燃油从燃油压力检测孔通过三通软管流入准许的容器中

D. 将燃油压力表中残留的燃油倒入垃圾中

54. 下列对于燃油系统的卸压方法叙述不正确的是________。

A. 松开油箱上的加油盖，释放油箱中的蒸汽压力

B. 将三通油压表一端软管连接到燃油压力检测头上，将另一端软管装入准许的容器中

C. 打开三通油压表的调节阀，系统中的燃油从燃油压力检测孔通过三通软管流入准许的容器中

D. 将燃油压力表中残留的燃油倒入垃圾中

55. 检修电控系统时需注意的事项为________。

A. 安装蓄电池时应特别注意正、负极不可接反

B. 不可用水冲洗发动机室

C. 可用刮火的方法来判断是否有电或是不是火线

D. 晴天拆卸、安装发动机 ECU 时应注意防止静电

56. 下列对于电控系统的检修叙述不正确的有________。

A. 拆卸和安装发动机 ECU 连接器前应首先将点火开关打开

B. 可用启动电源帮助启动

C. 车上不宜装功率小于 8 W 的无线电台

D. 在车身上使用电弧焊时，应先断开蓄电池负极线

57. 下列对于蜡式节温器工作过程叙述正确的是________。

A. 当发动机水温升高时，石蜡逐渐变成液态，其体积膨胀，迫使胶管收缩而对推杆锥状端产生上举力

B. 固定不动的推杆对胶管、节温器外壳产生向下的反推力

C. 当发动机达到一定水温时，这个反推力可以克服弹簧预压力，主阀门开始打开

D. 主阀门开始打开时，全部冷却液开始进行大循环

58. 当________的时候，蜡式节温器进行大循环。

A. 副阀门关闭　　B. 副阀门完全打开

C. 主阀门关闭　　D. 主阀门完全打开

59. 下列对于硅油风扇离合器的工作原理叙述正确的是________。

A. 常温下硅油不能进入工作室，风扇离合器处于分离状态

B. 当发动机工作时，虽然驱动轴转动，风扇却随着离合器壳体在驱动轴上打滑

C. 当气流温度超过65℃时，风扇离合器处于啮合状态

D. 当气流温度低于65℃时，风扇离合器处于啮合状态

60. 当________时，硅油风扇离合器处于分离状态。

A. 常温

B. 高温

C. 当发动机温度下降，吹向感温器的气流温度低于35℃

D. 当发动机温度下降，吹向感温器的气流温度高于35℃

61. 下列对于水泵的结构叙述正确的是________。

A. 主要由泵体、叶轮和水泵轴组成

B. 叶轮一般是径向或向后弯曲的

C. 叶轮一般是径向或向前弯曲的

D. 叶轮的数目一般为6～9片

62. 下列对于水泵的工作原理叙述正确的是________。

A. 当叶轮旋转时，水泵中的水被叶轮带动一起旋转，在离心力作用下，水被甩向叶轮边缘

B. 水经外壳上与叶轮成切线方向的出水管压送到发动机水套内

C. 叶轮中心处的压力降低，散热器中的水便经进水管被吸进叶轮中心部分

D. 叶轮中心处的压力升高，散热器中的水便经进水管被吸进叶轮中心部分

63. 齿轮式机油泵的壳体内装有________。

A. 一个主动齿轮　　B. 一个从动齿轮

C. 若干个主动齿轮　　D. 若干个从动齿轮

64. 下列对于机油泵的工作原理叙述正确的是________。

A. 齿轮旋转，进油腔的容积由于齿轮脱离啮合而增大，润滑油便从进油口吸入并注满进油腔

B. 齿轮旋转时，把齿间所存的润滑油带到出油腔

C. 在出油腔齿轮处于啮合状态，出油腔容积减小，油压升高

D. 在出油腔齿轮处于啮合状态，出油腔容积减小，油压降低

65. 传统点火系由________、电源、火花塞、点火开关、附加电阻等组成。

A. 分电器　　B. 断电器

C. 点火线圈　　D. 电磁线圈

66. 下列对于传统点火系的工作原理叙述正确的是________。

A. 当断电器触点闭合时，接通点火线圈的初级电流

B. 当断电器触点闭合时，接通点火线圈的初级电压

C. 当断电器触点断开时，初级线圈感应产生极高电压，其电压足以产生使火花塞的跳火能量

D. 当断电器触点断开时，次级线圈感应产生极高电压，其电压足以产生使火花塞的跳火能量

67. 下列对于分电器主要部件结构叙述正确的是________。

A. 分电器的分火头上端面有一绝缘片

B. 分火头插在断电器凸轮的顶端，随分电器轴一起旋转

C. 断电器由一个触点和凸轮组成

D. 电容器由两条铝箔或锡箔、两条绝缘纸带组成。其中一条箔带接金属外壳，另一条箔带通过与外壳绝缘的导线引出

68. 分电器主要部件的工作原理叙述正确的是________。

A. 分电器分火头的作用是按发动机的工作顺序依次分配高压电至各缸火花塞上

B. 断电器的作用是周期性接通和切断高压电路

C. 电容器的作用是吸收触点打开时点火线圈初级绕组产生的自感电动势，减少触点火花，保护触点

D. 电容器的作用是吸收触点打开时点火线圈次级绕组产生的自感电动势，减少触点火花，保护触点

69. 下列对于点火线圈结构与工作原理叙述不正确的是________。

A. 点火线圈按磁路的结构形式不同，可分为开磁路式和闭磁路式两种

B. 传统点火系中广泛使用闭磁路式点火线圈

C. 闭磁路式点火线圈的上端装有胶木盖，其中央端头的孔为高压线插孔

D. 两接线柱式点火线圈的低压接线柱上分别标有“+”“−”的标记

70. 下列对于点火线圈结构与工作原理叙述正确的是________。

A. 根据高压接线柱的数目不同，点火线圈有两接线柱式和三接线柱式之分

B. 根据低压接线柱的数目不同，点火线圈有两接线柱式和三接线柱式之分

C. 三接线柱式点火线圈的附加电阻接在标有“开关”和“+点火开关”的两个高压接线柱上

D. 三接线柱式点火线圈的附加电阻接在标有“开关”和“+点火开关”的两个低压接线柱上

71. 当________的发动机应选用冷型火花塞。

A. 高压缩比　　B. 高转速

C. 低压缩比　　D. 低转速

72. 根据 ZBT 37003−89《火花塞产品型号编制方法》的规定，火花塞型号由三部分组成，其中第三部分用汉语拼音字母表示火花塞的________。

A. 派生产品结构特征　　B. 热值

C. 主要尺寸　　D. 材料特性

73. 下列对于油路、电路引起的发动机启动困难故障的原因叙述正确的是________。

A. 混合气过稀　　B. 混合气过浓

C. 点火过迟　　D. 点火过早

74. 对于引起发动机启动困难的故障原因叙述不正确的是________。

A. 供油过量　　B. 燃油泵故障

C. 蓄电池电力过足　　D. 电池接头没松开

75. 发动机怠速不稳的故障原因可能是________。

A. 怠速调整螺钉调整不当　　B. 一级怠速空气量孔堵塞

C. 节气门调整的过紧　　D. 个别汽缸不工作

76. 下列对于发动机怠速不稳故障的故障原因叙述不正确的是________。

A. 怠速调整螺钉调整不当　　B. 一级怠速空气量孔堵塞

C. 节气门过紧　　D. 点火时间过迟

77. ________不是爆震故障的故障现象。

A. 振抖　　B. 排气管冒水蒸气

C. 发出清脆而有节奏的金属敲击声　　D. 转速不均匀

78. ________可能是造成发动机敲击和冒烟的原因。

A. 喷油时间过早　　B. 喷油时间过迟

C. 喷油器滴漏　　D. 发动机支承位置不当

79. ________为正时齿轮（或齿带、链条）异响的故障原因。

A. 正时齿轮啮合间隙过大　　B. 正时齿轮啮合间隙过小

C. 曲轴和凸轮轴中心线平行　　D. 凸轮轴正时齿轮松动

80. 下列为气门异响故障的故障原因的是________。

A. 气门间隙过大　　B. 气门间隙过小

C. 气门导管积炭过多　　D. 凸轮过紧

81. 对于发动机过热故障的可能原因叙述正确的是________。

A. 车辆长时间用低挡位行驶　　B. 汽缸垫烧坏

C. 散热器出水管冻结　　D. 水泵工作不正常

82. 对于运行中发动机突然过热的原因叙述正确的是________。

A. 风扇传动带断裂　　B. 冷却系严重漏水

C. 水泵轴与叶轮松脱　　D. 冷却水循环中断

83. 下列对于诊断缺火缸原因叙述正确的是________。

A. 取下缺火缸的高压线，使线端距离缸盖 3～5 mm，在发动机运转时，若该高压线端有强烈的周期性的高压火花，说明该缸火花塞存在故障

B. 取下缺火缸的高压线，使线端距离缸盖 4～5 mm，在发动机运转时，若无高压火花，说明该高压线、分电器盖漏电或分电器断电触点间隙不均匀

C. 将高压线与火花塞接好，从分电器上取下另一端，并距离分电器盖插孔 3～5 mm。当发动机运转时若该间隙处周期性的有高压火花产生，说明高压线漏电

D. 将高压线与火花塞接好，从分电器上取下另一端，并距离分电器盖插孔 3～5 mm。当发动机运转时若无高压火花，说明分电器盖或断电触点间隙有故障

84. 对于个别缸缺火的诊断叙述正确的是________。

A. 依次取下各缸高压总线，若发动机运转无变化，说明该缸工作正常

B. 依次取下各缸高压分线，若某缸断火后发动机运转更加不稳定，说明该缸工作正常

C. 依次取下各缸高压分线，若发动机运转无变化，说明该缸不工作

D. 依次取下各缸高压分线，若某缸断火后发动机运转更加不稳定，说明该缸不工作

参考答案

一、判断题

1. × 2. × 3. √ 4. √ 5. × 6. √ 7. × 8. × 9. √ 10. × 11. × 12. √
13. √ 14. × 15. × 16. √ 17. × 18. × 19. √ 20. × 21. √ 22. × 23. ×
24. √ 25. × 26. √ 27. × 28. √ 29. √ 30. √ 31. × 32. × 33. × 34. √
35. √ 36. √ 37. × 38. √ 39. √ 40. × 41. × 42. √ 43. × 44. √ 45. ×
46. √ 47. √ 48. √ 49. √ 50. × 51. √ 52. √ 53. √ 54. √ 55. √ 56. ×
57. × 58. × 59. √ 60. √ 61. × 62. √ 63. √ 64. × 65. √ 66. × 67. √
68. × 69. × 70. √ 71. × 72. × 73. √ 74. √ 75. × 76. √ 77. × 78. √
79. × 80. √ 81. √ 82. √ 83. × 84. √

二、单项选择题

1. A 2. B 3. C 4. B 5. D 6. A 7. A 8. C 9. B 10. C 11. B 12. A 13. B
14. A 15. B 16. D 17. A 18. B 19. A 20. A 21. A 22. B 23. A 24. B 25. A
26. C 27. A 28. A 29. B 30. C 31. C 32. A 33. B 34. A 35. A 36. A 37. D
38. C 39. A 40. B 41. C 42. D 43. B 44. A 45. D 46. B 47. C 48. A 49. B
50. C 51. D 52. A 53. A 54. B 55. B 56. C 57. A 58. D 59. C 60. C 61. A
62. A 63. D 64. B 65. A 66. D 67. D 68. A 69. D 70. C 71. C 72. A 73. B
74. C 75. B 76. D 77. B 78. A 79. B 80. A 81. D 82. C 83. D

三、多项选择题

1. ABD 2. ABC 3. AC 4. AB 5. ABCD 6. ABCD 7. ABC 8. BCD 9. ABC
10. ABCD 11. ABC 12. BCD 13. ABC 14. AD 15. ABCD 16. BCD 17. ABCD
18. ABCD 19. AB 20. ABD 21. ABC 22. ABCD 23. ABCD 24. ABC 25. ABCD
26. ABC 27. BCD 28. ABC 29. ABCD 30. BCD 31. ABC 32. BCD 33. ACD
34. BCD 35. ABD 36. BC 37. ACD 38. ACD 39. BC 40. AB 41. ABCD
42. ABC 43. ACD 44. ABC 45. ABCD 46. AC 47. ABCD 48. ABCD 49. ACD
50. AC 51. ABCD 52. ABCD 53. ABC 54. CD 55. ABD 56. ABC 57. ABC
58. AD 59. ABC 60. AC 61. ABD 62. ABC 63. AB 64. ABC 65. AC 66. AD
67. BD 68. AC 69. BC 70. BD 71. AB 72. AD 73. ABCD 74. ACD 75. ABD
76. CD 77. BD 78. ABC 79. ABD 80. AC 81. ABCD 82. ABCD 83. BCD
84. BC

第二章　底盘维修作业

考 核 要 点

理论知识考核范围	考核要点	重要程度
二级维护前底盘的检测与附加作业的确定	汽车二级维护前底盘检测诊断项目与技术要求	熟悉
	汽车底盘二级维护竣工检验项目和技术要求	掌握
	汽车底盘二级维护附加作业项目的确定依据	掌握
	车轮定位仪	了解
	动平衡仪	熟悉
	制动性能、稳定性能的有关要求	掌握
底盘二级维护附加作业	手动变速器的拆装工艺	掌握
离合器的检修	膜片弹簧离合器的构造和工作原理	熟悉
	检查、更换从动盘和压盘操作要点	掌握
	液压制动主缸、轮缸的技术要求	掌握
	离合器的装配与调整的注意事项	熟悉
手动变速器的检修	手动变速器的构造和工作原理	熟悉
	变速器输入轴、输出轴、中间轴和倒挡轴检修操作要点	掌握
	检修变速器齿轮的方法	熟悉
	汽车变速器修理技术条件	掌握
自动变速器的检修	自动变速器的组成、分类	了解
	自动变速器液压试验注意事项	掌握
	自动变速器失速试验注意事项	掌握
	自动变速器的时滞试验的注意事项	掌握
	自动变速器油的种类及其选用原则	熟悉
驱动桥的检修	主减速器和差速器的构造与工作原理	熟悉
	组装主、从动锥齿轮，测量和调整轴承预紧度的操作要点	掌握
	差速器总成的装复及部分元件的检查与调整	掌握
	主、从动锥齿轮的啮合间隙与啮合印痕测量和调整方法	掌握

续表

理论知识考核范围	考核要点	重要程度
万向传动装置的检修	万向传动装置的组成、分类与等速传动的工作原理	熟悉
机械转向器的检修	汽车转向器的分类、结构与工作原理	熟悉
悬架系统的检修	悬架系统的种类、结构及技术要求	掌握
车轮定位的检查与调整	电脑式四轮定位仪使用方法	掌握
	车轮定位的调整方法	掌握
鼓式制动器与传动装置的维修	鼓式车轮制动器的分类、结构与工作原理	熟悉
	检查、更换制动摩擦衬片	掌握
盘式制动器与传动装置的维修	用故障自诊断测试ABS系统的操作要点	掌握
诊断与排除汽车底盘故障	离合器、变速器、传动轴、驱动桥异响故障	掌握
	转向沉重故障	掌握
	诊断与排除由制动器引起的制动跑偏、制动拖滞、制动失效故障	掌握
	诊断与排除由前轮定位引起的轮胎异常磨损及车轮摆振磨损故障	掌握

重点复习提示

一、汽车二级维护前底盘检测诊断项目与技术要求

1. EQ1092F型汽车的二级维护前检测项目和技术要求

（1）路试检查车辆：检查离合器、变速器、传动轴、轴承及各部连接螺栓；检查制动性能；检查车辆在行驶中的性能及汽车各部有无漏油和异响等现象。

（2）齿轮油中水分含量、含铁量和100℃运动黏度有一项不符合技术要求时，均应更换齿轮油。

（3）检测前轮定位。

（4）检测转向盘自由转动量，转动量应为15°～30°。

（5）测量左右两侧轴距差应不大于10 mm。

2. 桑塔纳LX型轿车二级维护前检测诊断项目和技术要求

（1）路试检查车辆操纵稳定性，方向应不跑偏、不发抖、转向灵活。

（2）路试检查离合器、变速器。

（3）路试检查制动主缸、真空助力器，应密封良好，工作正常。

（4）检视传动轴，防尘罩应完好，传动轴无损伤。

（5）检视前悬架，所有球形节、衬套、轴承不松动，减震器不漏油。

（6）检视前横梁，应无裂纹、变形，连接紧固。

（7）检查驻车制动器，其生效齿数为两齿。

（8）检视后悬架，后梁不变形，减震器不漏油，后轮轴承不松旷、无异响。

（9）检视轮胎，应无异常磨损。花纹深度应大于 1.6 mm；轮胎气压应符合规定。

（10）检测车轮定位，应符合要求。

二、汽车底盘二级维护竣工检验项目和技术要求

1. 离合器

检测离合器踏板的自由行程，路试检测离合器的离合情况。要求结合平稳，分离彻底，无打滑、抖动及异响。

2. 转向系

检查转向盘最大转动量及横直拉杆装置，要求球头销不松旷，各部螺栓螺母紧固，锁卡可靠；路试检查转向机构，要求操纵轻便、转动灵活、无摆振、跑偏等现象，车轮转到极限位置时不得与其他部件有碰擦现象；检测前束及最大转向角及侧滑，要求符合规定。

3. 传动系

路试检查变速器、传动轴及主减速器。要求变速器操纵灵活，不跳动、不乱挡；变速器传轴、主减速器各部无异响，传动轴转配正确。

4. 行驶系

检查轮胎、钢板弹簧、减震器、车架及前后轴。要求轮胎磨损应在规定范围内，转向轮不得使用翻新轮胎，轮胎气压符合规定，后轮辋孔与制动鼓观察孔对齐；钢板弹簧无断裂、位移、缺片，U 形螺栓紧固，前后钢板支架无裂纹及变形；前后轴应无变形及裂纹。

5. 制动系

检查制动性能、制动踏板自由行程及驻车制动性能。要求应符合有关规定。

三、汽车底盘二级维护附加作业项目的确定依据

下列现象排除的具体确定依据可参考《国家职业资格培训教程——汽车修理工（中级）》（第 2 版）中相关内容

1. 前轮定位超过规定值、转向沉重、方向跑偏或振抖现象。

2. 对于离合器分离轴承响、工作不良引起离合器打滑、分离不彻底、接合不平顺等不正常现象。

3. 操纵时变速器异响，乱挡、跳挡、换挡困难，以及漏油现象；各轴承孔同轴度、平行度超差，同步器失效，油封老化，变速器操纵机构失效引起的现象。

4. 检查传动轴或前驱动汽车的驱动轴时，如存在异响、振抖、松旷等异响现象。

5. 主减速器、差速器存在异响、漏油等现象。

6. 路试中，驻车制动器不能有效制动、主缸漏油、真空助力器漏气等现象。

7. 悬架、轮胎时，若存在悬架机构异响、轮胎异常磨损等现象。

8. 若检查车身总成中有钣金件开裂、锈蚀，脱漆等缺陷。

四、动平衡仪

车轮的不平衡包括静不平衡和动不平衡，由于动平衡的车轮一定处于静平衡状态，因此，只要检测了动平衡，就没有必要再检测静平衡。车轮的动平衡试验有离车式和就车式两种方法。

五、制动性能、稳定性能的有关要求

1. 制动性能的基本要求

机动车应设置足以使其减速、停车和驻车的制动系统。

（1）机动车应具有行车制动系。

（2）汽车应具有应急制动功能。

（3）机动车（两轮、边三轮摩托车和轻便摩托车除外）应具有驻车制动功能。

（4）汽车行车制动、应急制动和驻车制动的各系统以某种方式相连，它们应保证当其中一个或两个系统的操纵机构的任何部件失效时仍具有应急制动功能。

2. 行车制动性能

行车制动必须使驾驶员能控制车辆行驶，使其安全、有效地减速和停车。

（1）机动车行车制动装置的作用应能在每根轴的左右车轮之间对称分配。

（2）行车制动在产生最大制动作用时的踏板力：对于座位数小于或等于 9 的载客汽车应不大于 500 N，对于其他车辆应不大行 700 N。

（3）液压行车制动在达到规定的制动效能时，踏板行程（包括空行程，下同）不得超过踏板全行程的 3/4；制动器装有自动调整间隙装置的车辆的踏板行程不得超过踏板全行程的 4/5，且座位数小于或等于 9 的载客汽车不得超过 120 mm，其他类型车辆不得超过 150 mm。

（4）液压行车制动系不得因制动液对制动管路的腐蚀或由于发动机及其他热源的影响，形成气阻而损坏行车制动系的功能。

3. 应急制动性能

（1）应急制动必须在行车制动系统有一处管路失效的情况下，在规定的距离内将车辆停住。

（2）应急制动可以是行车制动系统具有应急特性或是与行车制动分开的独立系统。

（3）应急制动系统的布置应使驾驶员容易操作，驾驶员在座位上至少用一只手握住转向盘的情况下，就可以实现制动。它的操纵机构可以与行车制动系统的操纵机构结合，也可以与驻车制动系统的操纵机构结合，但三个操纵机构不得结合在一起。

4. 驻车制动性能

驻车制动应能使车辆即使在没有驾驶员的情况下，也能使车辆停在上、下坡道上。驻车制动操纵装置的安装位置要适当，其操纵装置必须有足够的储备行程，一般应在操纵装置全行程的 2/3 以内产生规定的制动效能；驻车制动机构装有自动调节装置时允许在全行程的 3/4 以内达到规定的制动效能。

采用气压制动的机动车当气压升至 600 kPa 且不使用制动的情况下，停止空气压缩机 3 min 后，其气压的降低值应不大于 10 kPa。

采用液压制动的机动车在保持踏板力为 700 N 达到 1 min 时，踏板不得有缓慢向地板移动的现象。

六、手动变速器的拆装工艺

1. 把变速器放在修理台或修理架上，放出变速器齿轮油。

2. 将变速器后盖拆下，取出调整垫片和密封圈。

3. 小心地将第 3、第 4 挡换挡滑杆向第 3 挡方向拉至小的挡块取出，将换挡杆重新推至空挡位置。

4. 倒挡和 1 挡齿轮同时啮合，锁住轴，旋下主动锥齿轮螺母。

5. 用工具顶住输入轴的中心，取下输入轴的挡圈和垫片。

6. 用专用工具拉出输入轴的向心轴承。

7. 若没有专用工具，先旋出壳体和后盖的连接螺栓，用塑料锤（或木锤）敲击输入轴的前端和后壳体，直至后盖和后壳体结合处出现松动。

8. 变速器壳体固定在台钳上，钳口应有较软的金属保护垫片，以防夹坏变速器壳体。

9. 取出第 3、第 4 换挡拨叉的夹紧套筒，将第 3、第 4 换挡杆往回拉，直至可以将第 3、第 4 换挡杆拨叉取出为止。

10. 将换挡拨叉重新放在空挡位置，取出输入轴。

11. 压出倒挡齿轮轴，并取出倒挡齿轮。

12. 用小冲头冲出第 1、第 2 挡换挡拨块上的弹性销，并取出弹性夹片。

13. 用工具拉出输出轴总成（在拉出输出轴总成的同时，应注意第 1、第 2 挡拨叉轴的间隙）。

七、膜片弹簧离合器的构造和工作原理

1. 膜片弹簧离合器的构造

膜片弹簧离合器即用膜片弹簧来作为汽车离合器的压紧元件。汽车膜片弹簧离合器可分为推式膜片弹簧离合器和拉式膜片弹簧离合器两种形式。

2. 膜片弹簧离合器的工作原理

具体可见《国家职业资格培训教程——汽车修理工（中级）》（第 2 版）中的相关内容。

八、检查、更换从动盘和压盘操作要点

1. 检查、更换从动盘的操作要点

摩擦片有轻微的油污可用煤油清洗干净后，用喷灯火焰烘干；有轻微硬化、烧损，可用砂布打磨；磨损严重，铆钉头埋入深度不符合规定，或有裂纹、脱落、严重烧损或油污时，应予更换。在半径为 120～150 mm 处测量，从动盘的翘曲量不大于 0.80 mm，各铆钉不得松动，从动盘花键毂与变速器第一轴的配合间隙不大于 0.60 mm。

2. 检查、更换压盘的操作要点

压盘工作平面烧蚀、龟裂、划伤不严重时，可用油石打磨光滑。沟槽深度超过 0.50 mm 或平面度超过 0.12～0.20 mm 时应磨削修复，但磨削总量不超过限度，一般 1.0～1.5 mm。磨削后的压盘应重新进行平衡。

九、液压制动主缸、轮缸的技术要求

1. 液压制动主缸，活塞与缸筒的配合间隙应符合原产品的规定，在一般情况下超过 0.12 mm，应进行修复或更新换件。

2. 主缸、轮缸缸筒和活塞外径公差应符合有关规定，轮缸缸筒内孔尺寸公差应按规定选取。

3. 主缸和轮缸的皮碗、弹簧密封圈应满足规定要求。如果出现磨损或老化现象，应更换新件。

4. 主缸、轮缸的回位弹簧安装位置应正确，其弹性应符合该弹簧的技术要求。

5. 零件在装配前应清洗干净，总成内部不允许有杂物存在，主缸补偿孔和加油盖的通气孔必须畅通。

6. 主缸、轮缸总成密封性能

7. 主缸、轮缸总成耐压性能

十、离合器的装配与调整的注意事项

1. 注意离合器盖与压盘间、平衡片与压盘间、离合器盖与飞轮间的装配记号。

2. 安装时应注意从动盘的方向，开始安装离合器。

3. 大修的离合器应在装车前与曲轴飞轮组一起进行动平衡试验。

十一、手动变速器的构造和工作原理

1. 普通变速器由变速传动机构和变速操纵机构两大部分组成

变速传动机构主要由输入轴、输出轴、中间轴、齿轮组、同步器、轴承和变速器壳等组成。变速操纵机构主要由变速操纵杆、拨叉、拨叉轴、锁止装置和变速器盖等组成。

2. 普通变速器的工作原理

普通齿轮式变速器是利用不同齿数的齿轮啮合传动实现转速和转矩的改变。由齿轮传动原理可知，一对齿数不同的齿轮啮合传动时可以变速，而且两齿轮的转速与齿轮的齿数成反比。

一对齿轮传动只能得到一个固定的传动比，从而得到一种输出转速，并构成一个挡位。为了扩大变速器输出转速的变化范围，普通齿轮式变速器通常都采用多组大小不同的齿轮啮合传动，这样就构成了多个不同的挡位。

十二、变速器输入轴、输出轴、中间轴和倒挡轴检修操作要点

1. 用百分表测量各轴中部的径向跳动量。输入轴、输出轴及中间轴和倒挡轴的径向跳动量要求不大于 0.025 mm，使用极限为 0.06 mm，如超过使用极限，说明轴的直线度超差，应予校正或更换。

2. 轴颈的磨损可用外径千分尺测量，各轴颈及轴承的配合应符合要求，如超过使用极限应换用新件。

3. 将变速器轴的花键插入与之配合的机件中，用手检查不应有松旷过大的感觉。也可用百分表检查，配合间隙不大于 0.8 mm；用游标卡尺测量花键厚度，磨损不大于 0.4 mm。

4. 放在垫有平板的 V 形架上，用百分表测量变速器各轴的直线度误差不大于 0.07 mm，超过标准应校正或更换。

十三、检修变速器齿轮的方法

1. 齿轮的工作面腐蚀斑点及剥落面积超过齿面的 1/4，或齿轮出现裂纹，应予更换。

2. 常啮合齿轮齿厚磨损不得超过 0.25 mm，不常接合齿轮齿厚磨损不得超过 0.40 mm，齿轮内花键齿厚磨损不得超过 0.20 mm，齿长磨损不得超过原齿长的 30%，否则应予以更换。

3. 用塞尺检查第二轴与倒挡轴齿轮的花键侧隙，如超过使用极限，应予更换。

4. 齿面有轻微斑点、划痕、磨损台阶或边缘破损，可用油石或砂轮修磨。

十四、汽车变速器修理技术条件

1. 变速器壳体

（1）壳体应无裂损。壳体上所有连接螺孔的螺纹损伤不得多于两牙。

（2）壳体上平面长度不大于 250 mm，其平面度公差为 0.15 mm；大于 250 mm，平面度公差为 0.20 mm。

（3）壳体前端面对输入、输出轴轴承承孔的公共轴线的端面圆跳动：其端面最大可测直径 50～120 mm，公差为 0.80 mm；120～250 mm，公差为 0.10 mm；250～500 mm，公差为 0.12 mm；大于 500 mm，公差为 0.15 mm。

（4）壳体后端面对输入、输出轴轴承承孔的公共轴线的端面圆跳动公差为 0.15 mm。

（5）壳体前、后端面的平面度公差值，分别不大于 3、4 项规定的端面圆跳动公差值。

（6）壳体上平面与输入、输出轴轴承承孔的公共轴线的平行度公差为 0.20 mm。

（7）壳体上各轴承（或轴）承孔轴线间尺寸偏差的绝对值，允许比原设计规定增加 0.02 m。

（8）壳体上各承孔轴线的平行度公差允许比原设计规定增加 0.02 mm。

（9）壳体上各承孔的圆度公差为 0.000 8 mm。表面粗糙度一般不低于 $Ra1.6\ \mu m$。

（10）滚动轴承与承孔的配合公差：当基本尺寸 50～80 mm，其值允许比原设计规定增加 0.02 mm；基本尺寸 80～120 mm，其值允许比原设计规定增加 0.04 mm；基本尺寸 120～180 mm，其值允许比原设计规定增加 0.025 mm。

（11）轴颈与壳体承孔的配合公差允许比原设计规定增加 0.015 mm。

2. 变速器盖

（1）盖应无裂损。

（2）盖与壳体的结合平面长度、平面度公差应符合规定值。

（3）盖上变速杆中部球形承孔直径允许比原设计规定增加 0.50 mm。

（4）拨叉轴与盖（或壳体）承孔的配合间隙为 0.04～0.20 mm。

3. 轴

（1）输入、输出轴及中间轴，当以两端轴颈的公共轴线为基准时：长度 120～250 mm，中部的径向圆跳动公差为 0.03 mm；长度 250～500 mm，中部的径向圆跳动公差为 0.06 mm。

（2）输入轴的轴向间隙不大于 0.15 mm，其他各轴的轴向间隙不大于 0.30 mm。

4. 齿轮与花键

（1）齿轮的啮合面上不允许有明显的缺陷或不规则磨损。

（2）接合齿轮或相配合的滑动齿轮齿端部位磨损量不得超过齿宽的 15%。

（3）常啮合齿轮的啮合侧隙为 0.15～0.50 mm。接合齿轮的啮合侧隙为 0.10～0.40 mm。各齿轮的啮合印痕应在轮齿啮合面中部，且不小于啮合面的 60%。

（4）各轴花键与滑动齿轮键槽的侧隙允许比原设计规定增加 0.15 mm。

（5）各轴花键与齿座、突缘及其他非滑动部件的花键槽侧隙，应符合原设计规定。

5. 滚动轴承或齿轮与轴颈的配合

属过盈配合的，应无间隙，且最大过盈量不超过原设计规定；属过渡配合的，其间隙允许比原设计规定增加 0.003 mm；属间隙配合的，允许比原设计规定增加 0.02 mm。

6. 滚针轴承与轴颈及承孔的配合间隙

滚针轴承与轴颈及承孔的配合间隙应为 0.02～0.125 mm。

7. 衬套与轴颈和承孔的配合

属间隙配合或过渡配合的，其间隙允许比原设计规定增加 0.02 mm；属过盈配合的，应符合原设计规定。

8. 拨叉

（1）拨叉端面磨损量应不大于 0.40 mm。

（2）拨叉端面对拨叉轴孔轴线的垂直度公差为 0.20 mm。

（3）拨叉两端工作侧面与环槽的配合间隙为 0.20～1.00 mm。

十五、自动变速器液压试验注意事项

1. 试验时，发动机和自动变速器达到正常工作温度。

2. 要有两个人配合，一人进行试验，一人在外面观察车轮的情况。

3. 必须保证油压表、油管等的连接良好，不能渗漏。并将油压表放在便于观察的位置。

4. 连接油管及导线要远离汽车或发动机的旋转部件。

十六、自动变速器失速试验注意事项

1. 失速试验时，时间不得超过 5 s。

2. 进行完一个挡位的试验后，不得立即进行下一挡位的试验，应待油温下降后才能进行。

3. 试验结束后不要立即熄火，应将选挡杆投入空挡或停车挡，让发动机怠速运转1 min左右，以使自动变速器油温度正常。

4. 如果在试验中发现驱动轮因制动力不足而转动，应立即松开加速踏板，停止试验。

5. 试验要由两人配合进行，一人进行试验，另一个在车外观察车轮或车轮垫木的情况。

十七、自动变速器的时滞试验的注意事项

1. 时滞试验时，使发动机和自动变速器达到正常工作温度。

2. 进行完一个挡位的试验后，使发动机怠速运转1 min左右，再做试验。

3. 共做3次试验，取平均值。

十八、自动变速器油的种类及其选用原则

一般按其100℃的运动黏度分为6号、8号两种规格，其中6号液力传动油用于内燃机车或载货汽车的液力变矩器，8号液力传动油用于各种轿车、轻型客车的液力自动变速器。目前世界各国普遍使用美国生产的自动变速器油，主要有通用公司生产的Dexron、Dexron Ⅰ、Dexron Ⅱ型和福特公司生产的E、F型。

十九、主减速器和差速器的构造与工作原理

1. 单级主减速器的构造及工作原理

单级主减速器都采用一对圆锥齿轮传动。主减速器主、从动锥齿轮常用的齿形有双曲线锥齿轮和螺旋锥齿轮。

发动机前置后轮驱动的单级主减速器、发动机前置前轮驱动的单级主减速器的构造与工作原理具体见《国家职业资格培训教程——汽车修理工（中级）》（第2版）中相关内容。

2. 普通齿轮式差速器的构造及运动原理

普通齿轮式差速器的构造及运动原理具体见《国家职业资格培训教程——汽车修理工（中级）》（第2版）中相关内容。

二十、组装主、从动锥齿轮，测量和调整轴承预紧度的操作要点

1. 用压力机把前外轴承的外圈压入轴承座。

2. 用压力机把前内轴承的内圈压到主动圆锥齿轮轴颈上，使其紧靠边齿轮大端端部，并把后轴承的内圈压上，压靠台肩。

3. 在前内轴承装隔套、原有调整垫片、轴承座、前外轴承，放入止推垫圈和主动圆锥齿轮连接突缘，先不装油封座及油封。在装好连接突缘以后，再装上垫圈和槽形螺母，用规定力矩将螺母拧紧。此时用弹簧秤钩在突缘螺孔处沿切线方向拉动，若能以16.7～33.3 N的力使其转动，则轴承的预紧度是合适的。若不符合上述要求，可增减调整垫片，直到合适为止。

4. 主动圆锥齿轮轴承预紧度的经验检查。其方法是用手转动突缘应转动灵活无阻滞，沿轴向推拉突缘，应无间隙感为合适。

5. 轴承预紧度调好后，拆下连接突缘。把内外油封及导向环装入油封座内，再将油封座及衬垫、连接突缘、垫圈和槽形螺母依次装到主动圆锥齿轮上，然后按规定力矩拧紧槽形螺母，插入开口销并将其锁好。

二十一、差速器总成的装复及部分元件的检查与调整

1. 差速器总成的装配与调整

（1）用压力机将轴承内圈压入左右差速器壳的轴颈上。

（2）把左差速器壳放在工作台上，在与行星齿轮、半轴齿轮相配合的工作表面涂上机油，将半轴齿轮支承垫圈连同半轴齿轮一起装入，将已装好的行星齿轮及其支承垫圈的十字轴总成装入左差速器壳的十字柄中，并使行星齿轮与半轴齿轮啮合。

（3）在行星齿轮上装上右边的半轴齿轮、支承垫圈，将从动圆柱齿轮、差速器右壳合到左壳上，注意对准壳体上的标记。从右向左装入螺栓，以规定力矩拧紧螺母。

（4）检查半轴齿轮与支承垫片之间的间隙，此间隙应不大于0.5 mm，如不符合要求，更换新的支撑垫片。

（5）将调整好的差速器总成装入主减速器壳中，装上两端的轴承外圈、轴承盖及调整螺母，通过调整螺母调整差速器轴承的预紧度。使轴承滚子处于正确位置，且轴承上应涂抹适量润滑油。正确的预紧度应当是用0.98～3.4 N·m的力矩能灵活转动差速器总成。

2. 行星齿轮、行星齿轮轴、半轴齿轮、止推垫圈和壳体的检查与调整

差速器壳应无裂损，壳体与行星齿轮、半轴齿轮的接触面应光滑无沟槽。十字轴承孔的垂直度误差应不大于100：0.05。两轴线应相交，其位置度误差应不大于0.20 mm。每一轴线应与半轴齿轮承孔轴线位于同一平面，其位置度误差均应不大于0.30 mm。半轴齿轮及轴承之间结合端面对壳体轴承轴颈轴线的端面跳动均应不大于0.05 mm。半轴齿轮轴颈与差速器壳的配合间隙以及十字轴轴颈与差速器壳、行星齿轮的配合间隙均应符合原厂或修理技术条件的规定。

二十二、主、从动锥齿轮的啮合间隙与啮合印痕测量和调整方法

1. 标准印痕和啮合印痕间隙

主、从动锥齿轮应沿齿长方向接触，其位置应控制在轮齿的中部偏向小端，离小端端部 2～7 mm，接触痕的长度不小于齿长的 50%，齿高方向的接触痕应不小于齿高的 50%，一般应距齿顶 0.80～1.60 mm，啮合间隙为 0.15～0.50 mm。每一对锥齿轮副啮合间隙的变动量不得大于 0.15 mm。

2. 啮合印痕的检查方法

在从动齿上相隔 120°的三处，用红丹油在轮齿的正反面各涂三个齿，再用手对从动齿轮稍施加阻力并正反向各转动主动齿轮数圈。观察从动齿轮的啮合印痕应符合要求。

3. 主减速器的调整方法

（1）先调整轴承预紧度、再调整啮合印痕，最后调整啮合间隙。

（2）对啮合印痕和啮合间隙调整的过程中不得变更轴承预紧度。

（3）保证啮合印痕的前提下调整啮合间隙，不符合要求应成对更换。

二十三、万向传动装置的组成、分类与等速传动的工作原理

1. 万向节的组成

万向传动装置由万向节、传动轴、中间支承及伸缩套等组成。

2. 万向节的分类

常见的万向节主要由十字轴式普通万向节、球叉式等速万向节、球笼式等速万向节等组成，其中最常用的是普通十字轴式万向节。

3. 普通十字轴式万向节的等速传动原理

十字轴式万向节的主、从动叉在十字轴上相互垂直的平面内能自由摆动，当主动叉节以等角速旋转时，由于十字轴的摆动，从动叉得到的角速度是忽快忽慢，即不等速旋转。这种不等角速度旋转是周期性的加速或减速，当主动叉旋动一周时，从动叉随之旋转一周。从动部分（从动叉之后的机件）的不等速旋转将造成旋转机件运转不平稳，而引起振动，导致机件加剧磨损。为消除这一不良现象，实现等速传动，在普通万向传动装置中采用两个万向节传动。两个万向节等速传动时应在安装上满足以下两个条件，一是传动轴两端的万向节叉处于同一平面，二是输出轴和输入轴与传动轴的夹角相等。

二十四、汽车转向器的分类、结构与工作原理

转向器的种类较多。一般按转向器中的传动副的结构形式分类。目前应用较广泛的有齿轮齿条式、循环球式和蜗杆曲柄指销式等三种。

1. 齿轮齿条式转向器的结构和工作原理

齿轮齿条式转向器主要由转向器壳体、转向齿轮、转向齿条等组成。转动转向盘时，转向齿轮转动，与之相啮合的转向齿条沿轴向移动，从而使左、右转向横拉杆带动转向节转动，使转向轮偏转，实现汽车转向。

2. 循环球式转向器构造和工作原理

它有两级传动副，第一级传动副是转向螺杆转向螺母；螺母的下平面加工成齿条，与齿扇轴内的齿扇相啮合，构成齿条一齿扇第二级传动副。当转动转向螺杆时，通过钢球将力传给转向螺母，使螺母沿螺杆轴向移动。随着螺母沿螺杆做轴向移动，其齿条便带动齿扇绕着转向摇臂轴做圆弧运动，从而使转向摇臂轴连同摇臂产生摆动，通过转向传动机构使转向轮偏转，实现汽车转向。

3. 蜗杆曲柄指销式转向器构造和工作原理

蜗杆曲柄指销式转向器主要由转向器壳体、转向蜗杆、转向摇臂轴、曲柄和指销、上下盖、调整螺塞和螺钉、侧盖等组成。

汽车转向时，驾驶员通过转向盘转动转向蜗杆（主动件），与其相啮合的指销（从动件）一边自转，一边以曲柄为半径绕摇臂轴轴线在蜗杆的螺纹槽内做圆弧运动，从而带动曲柄，进而带动转向摇臂摆动，实现汽车转向。

二十五、悬架系统的种类、结构及技术要求

1. 悬架系统的种类

（1）按照控制形式划分

按照控制形式不同，悬架可分为被动式悬架和主动式悬架两大类。

（2）按照汽车导向装置划分

根据汽车导向装置的不同，悬架又可分为独立悬架和非独立悬架。

2. 悬架系统的结构

悬架系统一般由弹性元件、减震器和导向机构三部分组成。

3. 汽车性能对悬架的要求

汽车的固定频率是衡量汽车平顺性的重要参数，它由悬架刚度和悬架弹簧支承的质量（簧载质量）所决定。人体所习惯的垂直振动频率约为1.0～1.6 Hz，车身振动的固有频率

应接近或处于人体适应的频率范围，才能感觉舒适。

二十六、电脑式四轮定位仪使用方法

1. 在检测汽车的前轮定位时，被检车辆应满足以下要求：

（1）前后轮胎气压及胎面磨损基本一致。

（2）前后悬架系统的零部件完好、不松旷。

（3）转向系统调整适当，不松旷。

（4）前后避震器性能良好，不漏油。

（5）汽车前后高度与标准值的差不大于 5 mm。

（6）制动系统正常。

2. 检测前准备

（1）把汽车开上举升平台，托起四个车轮，把汽车举升 0.5 m（第一次举升）。

（2）托起车身适当部位，把汽车举升至车轮自由转动（第二次举升）。

（3）拆下各车轮，检查轮胎磨损情况。

（4）检查轮胎气压，不符合标准时应充气或放气。

（5）作车轮的动平衡，动平衡完成后，把车轮装好。

（6）检查车身高度，检查车身四个角的高度和避震器技术状况，如车身不平应先调平；同时检查转向系统和悬架是否松旷，如松旷则应先紧固或更换零件。

3. 检测步骤

（1）把传感器支架安装在轮辋上，再把传感器（定位校正头）安装到支架上，并按使用说明书的规定调整。

（2）开机进入测试程序，输入被检汽车的车型和生产年份。

（3）轮辋变形补偿。转向盘位于直行位置，使每个车轮旋转一周，即可把轮辋变形误差输入计算机。

（4）降下第二次举升量，使车轮落到平台上，把汽车前部和后部向下压动 4～5 次，使其受压力弹跳。

（5）用刹车锁压下制动踏板，使汽车处于制动状态。

（6）把转向盘左转至计算机发出“OK”声，输入左转角度；然后把转向盘右转至计算机发出“OK”声，输入右转角度。

（7）把转向盘回正，计算机屏幕上显示出后轮的前束及外倾角数值。

（8）调正转向盘，并用转向盘锁锁住转向盘使之不能转动。

（9）把安装在四个车轮上的定位校正头的水平仪调到水平线上，此时计算机屏幕上显示出转向轮的主销后倾角、主销内倾角、转向轮外倾角和前束的数值。

（10）调整主销后倾角、车轮外倾角及前束，调整方法可按计算机屏幕提示进行。若调整后仍不能解决问题，则应更换有关零部件。

（11）进行第二次压力弹跳，将转向轮左右转动，把车身反复压下后，观察屏幕上的数值有无变化，若数值无变化应再次调整。

（12）若第二次检查未发现问题，则应将调整时松开的部位紧固。

（13）拆下定位校正头和支架，进行路试，检查四轮定位检测调整效果。

二十七、车轮定位的调整方法

1. 主销后倾角的调整

主销后倾角的调整需通过改变悬架系统来实现。当主销后倾角不符合决定时，可在钢板弹簧下部与主轴的接触面之间垫以不同厚度的楔形铁片来调整。当楔形铁片由后向前插入时，车轴整体将向后转动一定角度，使车轴左右两端的转向节主销后倾角加大；当楔形铁片由前向后插入时，与上述情况相反，主销后倾角将减小。

2. 主销内倾角的调整

对于不同的悬架其方式不同。非独立悬架的车轴左右两端的转向节主销孔有固定的内倾角度值，因此，内倾角不符合规定时，需对前轴进行校正。对于独立悬架的汽车，主销内倾角与车轮外倾角可通过调整摆臂长度来实现。调整主销后倾角，可通过转动上摆臂轴来实现；而车轮外倾角则由加在上摆臂轴与固定支架之间的垫片来调整。独立悬架的主销内倾角和车轮外倾角是由转向节的结构确定的，因此，调整过车轮外倾角后，主销内倾角也就随之确定下来，无须另作调整。

3. 车轮外倾角的调整

当车轮外倾角不符合规定时，需检查轮毂轴承是否松旷、转向节铜套是否磨损和转向节轴是否变形等，根据故障情况予以修复或更换。

4. 车轮前束的调整

车轮前束值的大小可通过改变转向梯形机构的横拉杆长度来实现。调整时，需先松开横拉杆长度锁紧螺母，然后用管钳转动调整螺母套管，该套管左右两端螺旋线方向相反，转动时使横拉杆向两端伸长或缩短，依此来调节横拉杆的长度。

二十八、鼓式车轮制动器的分类和结构

1. 分类

按制动时两侧制动蹄对制动鼓径向力的平衡情况，鼓式制动器可分为非平衡式、平衡式

和自动增力式三种类型。

2. 结构

（1）非平衡式制动器

制动底板用螺栓固定在后桥壳的突缘上不能转动，其上部装有制动轮缸或凸轮，下部装有两个偏心支承销。制动蹄下端圆孔套在偏心支承销上，上端嵌入制动缸活塞凹槽中或顶靠在凸轮上，两制动蹄通过复位弹簧紧压住轮缸活塞或凸轮。

（2）平衡式车轮制动器

1）单向助势平衡式车轮制动器。单向助势平衡式车轮制动器的两制动蹄各用一个单向活塞制动轮缸。

2）双向助势平衡式制动器。双向助势平衡式制动器制动底板上的所有固定元件、制动蹄、制动轮缸、复位弹簧等都是成对地对称布置，两制动蹄的两端采用浮式支承，且支点在周向位置浮动，用复位弹簧拉紧。

（3）自动增力式车轮制动器可分为单向自动增力和双向自动增力式两种。

1）单向自动增力式只是在汽车前进制动时起自动增力作用，使用单活塞式轮缸；双向自动增力式在前进制动时和倒车制动时都能起自动增力作用，使用双活塞轮缸。

2）双向自动增力式制动器制动蹄的上端两侧铆有夹板，用复位弹簧将夹板拉靠在支承销上，两蹄的下端由拉紧弹簧拉靠在可调顶杆两端直槽的底平面上。可调顶杆是浮动的，轮缸处于支承销下的位置。

二十九、检查、更换制动摩擦衬片

敲击及直观检查，摩擦衬片应无裂纹，用深度游标卡尺测量，衬片铆钉头距摩擦衬片表面应不小于0.80 mm，衬片厚度应不小于9 mm，否则，应换用新衬片或制动蹄总成。衬片铆钉出现松动应重新铆合。

需要换用新的摩擦衬片时，其基本操作工艺如下：

1. 用合适尺寸的钻头钻除铆钉头部，冲出铆钉，取下旧衬片。

2. 用专用夹具或老虎钳将新衬片夹持到制动蹄上，应使衬片与制动蹄完全贴紧。要注意同一车桥左、右制动器所用摩擦衬片的材料及厚度应相同。

3. 以制动蹄上的铆钉孔为基准，在摩擦衬片上钻出铆钉孔和沉头孔（沉头孔的深度应为衬片厚度的2/3）。

4. 用铆钉将摩擦衬片与制动蹄铆合在一起（由中间向两边铆合）。铆合后衬片与制动蹄应密切贴合，铆钉应无偏斜及松动现象。

5. 将摩擦衬片两端锉出75°坡口，以防制动时衬片两端与制动鼓出现卡滞现象。

6. 用专用光磨机光磨衬片端面，使其外径比制动鼓内径大 1.0～1.5 mm。光磨后将制动蹄放入制动鼓中进行靠合检查时，制动蹄的两端应与制动鼓先接触，衬片与制动鼓的接触面积应符合要求。

三十、用故障自诊断测试 ABS 系统的操作要点

1. 检查蓄电池电压是否为 12 V。

2. 检查“ABS”警告灯是否正常。

3. 读取故障码。车型不同，故障码的读取方式也不同。下面以丰田车系为例简述读取故障码的过程：

（1）打开点火开关，拆下维修插头，用短接线将插头端子 Tc 和 E1 相接。

（2）如有故障，4 s 后警告灯开始闪烁，读取警告灯闪烁次数。先闪十位数，间隔 1.5 s，再闪个位数。如果有多个故障码，则各故障码之间停 2.5 s，全部代码显示完后，又从数字小的代码开始重复显示。

（3）如果没有故障，警告灯每 0.5 s 闪亮一次。

三十一、离合器、变速器、传动轴、驱动桥异响故障

1. 离合器异响故障

（1）故障现象：在使用离合器时有不正常的响声产生。

（2）故障原因：

1）分离轴承磨损严重或缺油，轴承复位弹簧过软、折断或脱落。

2）分离杠杆支撑销孔磨损松旷。

3）从动钢片铆钉松动，钢片碎裂或减振弹簧折断。

4）踏板复位弹簧过软、脱落或折断。

5）传动销与孔磨损松旷。

6）从动盘毂与变速器第一轴花键磨损严重。

2. 变速器异响故障

变速器的异常声响主要是由于轴承磨损松旷和齿轮间不正常的啮合而引起的噪声，大致表现在空挡发响和挂挡后发响。

（1）空挡发响

1）故障现象：发动机怠速运转，变速器处于空挡位置有异响，踏下离合器踏板时响声消失。

2）故障原因：

①变速器与发动机安装时曲轴与变速器第一轴中心线不同心，或变速器壳变形。

②第二轴前轴承磨损、积存有污垢、轴承表面起毛刺。

③变速器常啮合齿轮磨损、齿侧间隙过大，或个别齿轮牙齿缺损。

④常啮齿轮未成对更换，啮合不良。

⑤轴承松旷、损坏、齿轮轴向间隙大。

⑥拨叉与接合套间隙过大。

（2）挂挡后发响

1）故障现象：

①变速器挂入挡位后发响。

②当汽车以40 km/h以上车速行驶时，发出一种不正常声响，且车速越高，声响越大。而当滑行或低速时响声减小或消失。

2）故障原因：

①变速器内齿轮轴弯曲变形，轴的花键与滑动齿轮毂配合松旷。

②齿轮啮合不当或轴承松旷。

③操纵机构各连接处松动，变速叉变形。

④主从动锥齿轮配合间隙过大。

3. 诊断与排除传动轴异响故障

（1）故障现象：汽车行驶中传动装置发出周期性的响声，车速越高响声越大，严重时伴随有车身振抖。

（2）故障原因：主要原因是传动轴动不平衡，由于变形或平衡块脱落等；其次是中间支承吊架固定螺栓松动或万向节突缘盘连接螺栓松动，使传动轴偏斜，造成传动轴动不平衡。

4. 诊断与排除驱动桥异响故障

（1）故障现象：当汽车以40 km/h以上的速度行驶时，驱动桥会发生一种不正常的响声，且车速越高响声越大，而当滑行时或低速时响声减小或消失。

（2）故障原因：

1）齿轮或轴承严重磨损或损坏。

2）主、从动齿轮配合间隙过大。

3）从动齿轮铆钉或螺栓松动。

4）差速器齿轮、半轴内端或半轴齿轮花键磨损松旷。

三十二、转向沉重故障诊断与排除

1. 转向沉重（机械式转向系）故障诊断与排除

（1）转向器缺润滑油，造成转向沉重。排除方法是按规定向转向器加注转向机油。

（2）前轮胎气压不足，造成转向沉重。排除方法是按规定气压向前轮轮胎充气。

（3）前轮定位角不正确，造成转向沉重。排除方法是正确检查与调整前轮定位角。

（4）转向器小齿轮与齿条啮合间隙太小，造成转向沉重。排除方法是调整小齿轮的预紧力。

（5）转向器或转向柱的轴承损坏，造成转向沉重。排除方法是更换轴承。

（6）转向横拉杆球头销缺油或损坏，造成转向沉重。排除方法是更换球头销。

2. 转向沉重（动力转向系）故障诊断与排除

（1）按规定调整皮带张力。

（2）加油到规定油面，如油面过低，检查所有管路和接头，拧紧松动接头。

（3）对正转向器和转向管柱。

（4）松开夹紧螺栓，正确地装配。

（5）按规定压力充气。

经过以上检查仍找不出转向沉重的原因，应进行压力试验。

三十三、诊断与排除由制动器引起的制动跑偏、制动拖滞、制动失效故障

1. 由制动器引起的制动跑偏故障诊断与排除方法

发生跑偏时，说明方向相反的一侧轮制动力不足。应首先检查制动间隙，同时，对推杆的外伸长度及制动时的伸出长度也应检查。

2. 由制动器引起的制动拖滞故障的诊断与排除

（1）汽车行驶拖滞，多为制动踏板无自由行程所致。

（2）观察车轮制动鼓发热情况，若全部车轮发热，为制动阀故障；若部分车轮发热，则为制动器故障。

（3）单个车轮拖滞时，可进行下面的检查：

1）检查制动间隙是否过小。

2）检查制动踏板，观察制动气室推杆的复位情况。若复位缓慢或者不复位，可能是制动凸轮轴锈蚀或变形所致；若复位正常，则可能是制动间隙过小或者制动蹄复位弹簧过软所致。

3. 由制动器引起的制动失效故障诊断方法

首先检查主缸储液室内制动液是否充足，若不足则观察泄漏之处。若主缸推杆防尘套处的制动液泄漏严重，多属主缸皮碗压翻或严重损坏；若车轮制动鼓边缘有大量制动液，则说明该轮缸皮碗压翻或严重破损。

三十四、诊断与排除由前轮定位引起的轮胎异常磨损及车轮摆振磨损故障

1. 由前轮定位引起的轮胎异常磨损故障的排除

（1）检查轮胎气压是否正常，按要求对轮胎进行放气或充气。

（2）检查左右轮胎尺寸规格是否一致，若不一致，应更换规格统一的轮胎。

（3）检查钢板弹簧U形螺栓是否松动，应按规定扭矩拧紧。

（4）检查前轮外倾角、前轮前束是否符合要求。若不符合，应进行调整或应理。

（5）上述检查均正常，则再检查转向节主销与衬套间隙、轮毂轴承间隙是否过大。若过大，应进行调整或更换磨损零件。

2. 诊断与排除由前轮定位引起的车轮摆振故障

（1）路试

当驾驶员反映前轮摆振时，可进行路试。路试时，一个人站在公路边观察从300～500 m以外的方向开来的车，观察是哪个车轮摆得厉害。

（2）停车检查

用千斤顶顶起前轮查找不平衡点。检查时最好让发动机怠速运转，用发动机的振动来确定车轮的较重部位。具体做法是，用手将转动灵活的车轮转动2～3转，等车轮停止转动后，用粉笔做个记号，记住下边较重的部位。连续做3次试验，每次都做记号观察记号是否都停在一个部位。假如每次最低位置的记号都一样，说明该点是不平衡点，或称为偏重的方位，车轮处于静不平衡状态。假如车轮每次自然停止时，粉笔的记号位置都不一样，而且将该记号无论转到哪里，用手停住车轮后，车辆就能稳妥地停在那里，这时车轮处于静平衡状态。

摆振时若轮胎没问题时，则应检查轮圈和制动鼓（或制动盘），检查方法与检查轮胎相同，不过应该松开制动，拆下轮胎，不得有发卡现象，在制动鼓（盘）转动灵活时再进行检查。制动鼓（盘）因其薄厚不一，同样可以造成车辆摆振。

（3）处理措施

当认为某个前轮有不平衡问题时，属于轮胎问题应进行换位，然后路试。不属于轮胎问题，则应检查制动鼓和轮圈，前驱动轿车应检查制动盘或前半轴。

对静不平衡的轮胎的平衡调整，可采取黏结平衡块的方法确定它是否达到平衡：将较重部分转到轮胎中心的水平线上，观察轮胎是否静止，若静止，将较重部位放在另一面上再做

试验；若仍静止，表示车轮已经平衡。不平衡的轮胎装在后轮一般不会出什么问题。

（4）分析原因

大部分轿车前轮采用独立悬架，取消了转向节主销及套，其悬架衬套及球头销等一般不容易松旷，横直拉杆球头也很少松旷，因此一般不会引起前轮摆振。根据实践经验，这种故障大都在行驶 10 000 km 以后发生，而且极少是因转向拉杆球头销或悬架松旷造成的，多数是前轮不平衡所致。车轮在使用中，由于变形、磨损或更换零配件，会打乱原来的配合；在修理过程中的堆焊、镗削等也会使车轮失去平衡致使前轮产生摆振。

辅导练习题

一、判断题（下列判断正确的请在括号内打“√”，错误的打“×”）

1. EQ1092F 型汽车在二级维护前的检测中如果齿轮油中水分含量不符合技术要求时，则应更换齿轮油。（　　）

2. 桑塔纳 LX 型轿车在二级维护前检测驻车制动器时，要求其生效齿数为三齿。（　　）

3. 汽车底盘二级维护竣工检验项目轮胎检查中，要求后轮不得使用翻新轮胎。（　　）

4. 汽车底盘二级维护竣工检验项目中在路试检查转向机构时，要求无摆振、跑偏等现象。（　　）

5. 离合器分离轴承响、工作不良引起离合器打滑、分离不彻底不属于二级维护附加作业项目。（　　）

6. 检查车身总成中有钣金件开裂、锈蚀，脱漆等缺陷，可采用修整、补漆的方法修理。（　　）

7. 当前路上行驶的四轮轿车只用进行前轮定位。（　　）

8. 做四轮定位可以减少汽车在行驶中轮胎的磨损。（　　）

9. 车轮只要检测了动平衡，就没有必要再检测静平衡。（　　）

10. 汽车必须在拆卸车轮的前提下进行车轮平衡检测。（　　）

11. 机动车行车制动装置的作用应能在每根轴的左右车轮之间对称分配。（　　）

12. 应急制动必须在行车制动系统有一处管路失效的情况下能按规定起作用。（　　）

13. 手动变速器的拆装应先旋出壳体和后盖的连接螺栓，用铁锤敲击输入轴的前端和后壳体，直至后盖和后壳体结合处出现松动。（　　）

14. 手动变速器拆装时，将第 3、第 4 挡换挡滑杆向第 3 挡方向拉至小的挡块取出，将换挡杆重新推至 4 挡位置。（　　）

15. 膜片弹簧离合器即用膜片弹簧来作为汽车离合器的压紧元件。（ ）

16. 当离合器膜片弹簧大端受压并产生位移时，离合器处在分离状态。（ ）

17. 从动盘摩擦片有轻微的油污时，可用机油清洗。（ ）

18. 压盘工作平面划伤不严重时，可用油石打磨光滑。（ ）

19. 液压制动主缸，活塞与缸筒的配合间隙超过 0.012 mm，应进行修复。（ ）

20. 主缸补偿孔和加油盖的通气孔必须保证畅通。（ ）

21. 离合器的装配应注意离合器盖与平衡片间的装配记号。（ ）

22. 安装离合器时，应注意主动盘的方向。（ ）

23. 普通齿轮式变速器是利用不同齿数的齿轮啮合传动实现转速和转矩的改变。（ ）

24. 一对齿轮传动只能得到一个固定的传动比。（ ）

25. 变速器输入轴、输出轴、中间轴和倒挡轴的径向跳动量要求不大于 0.25 mm。（ ）

26. 变速器轴颈的磨损可用外径千分尺测量。（ ）

27. 齿面只要有斑点，就可用油石或砂轮修磨。（ ）

28. 齿轮的工作面剥落面积超过齿面的 1/3 时，应予更换。（ ）

29. 变速器壳体上所有连接螺孔的螺纹损伤不得多于三牙。（ ）

30. 变速器盖上变速杆中部球形承孔直径允许比原设计规定增加 0.050 mm。（ ）

31. 变速器按齿轮类型不同可分为直齿轮式和斜齿轮式两种。（ ）

32. 变速器按控制方式不同可分为自动控制和智能控制两种。（ ）

33. 在做自动变速器液压试验时，要求发动机和自动变速器都得达到正常工作温度。（ ）

34. 自动变速器液压试验所用到的油压表没有量程大小要求。（ ）

35. 做失速试验时，时间不得超过 4 s。（ ）

36. 失速试验需要由两人配合进行。（ ）

37. 做时滞试验时，要使发动机和自动变速器达到正常工作温度。（ ）

38. 在进行完一个挡位的时滞试验后，要使发动机怠速运转 2 min 左右，再做试验。（ ）

39. 自动变速器油一般按其 100℃运动黏度分为 6 号、7 号两种规格。（ ）

40. 自动变速器油，既不能错用，也不能混用。（ ）

41. 发动机前置后轮驱动单级主减速器的主动锥齿轮与主动轴制成一体。（ ）

42. 差速器无论差速与否，两半轴齿轮转速之和始终等于差速器壳转速的 3 倍，而与行星齿轮自转速度无关。（ ）

43. 组装主、从动锥齿轮时，轴承外圈应保持原配对，不可混装。（　　）

44. 组装主、从动锥齿轮时，用压力机把前外轴承的内圈压到主动圆锥齿轮轴颈上，使其紧靠边齿轮大端端部。（　　）

45. 检查半轴齿轮与支承垫片之间的间隙，此间隙应不小于 0.5 mm。（　　）

46. 差速器壳应无裂损，壳体与行星齿轮、半轴齿轮的接触面应光滑无沟槽。（　　）

47. 主、从动锥齿轮应沿齿长方向接触，其位置应控制在轮齿的中部偏向大端。（　　）

48. 对啮合印痕和啮合间隙调整的过程中不得变更轴承预紧度。（　　）

49. 最常用的万向节是球叉式等速万向节。（　　）

50. 十字轴式万向节的主、从动叉在十字轴上相互垂直的平面内能自由摆动。（　　）

51. 转向齿轮是转向器的主动件，它与相啮合的从动件转向齿条垂直布置。（　　）

52. 压簧不仅起消除啮合间隙的作用，而且还可以吸收部分振动能量。（　　）

53. 根据汽车导向装置的不同，悬架可分为被动式悬架和主动式悬架两大类。（　　）

54. 目前，多数汽车上采用被动式悬架。（　　）

55. 在检测汽车的前轮定位时，前后轮胎气压及胎面磨损应基本一致。（　　）

56. 转向盘位于直行位置，使每个车轮旋转一周，即可把轮辋变形误差输入计算机。（　　）

57. 主销后倾角的调整需通过改变悬架系统来实现。（　　）

58. 当主销后倾角不符合决定时，可在钢板弹簧下部与主轴的接触面之间垫以不同厚度的形铁片来调整。（　　）

59. 非平衡式制动器的制动底板用螺栓固定在后桥壳的突缘上不能转动。（　　）

60. 单向助势平衡式车轮制动器的两制动蹄只用一个单向活塞制动轮缸。（　　）

61. 衬片铆钉出现松动应重新铆合。（　　）

62. 不同车桥左、右制动器所用摩擦衬片的材料及厚度应相同。（　　）

63. 车型不同，故障码的读取方式也不同。（　　）

64. 如果没有故障，警告灯每 0.8 s 闪亮一次。（　　）

65. 汽车行驶中传动装置发出周期性的响声，车速越高响声越大，严重时伴随有车身振抖的现象可能是传动轴异响。（　　）

66. 变速器与发动机安装时曲轴与变速器第二轴中心线不同心能造成变速器异响。（　　）

67. 机械式转向系的转向器小齿轮与齿条啮合间隙太大，会造成转向沉重。（　　）

68. 机械式转向系前轮定位角如果不正确，也会造成转向沉重。（　　）

69. 当车辆制动发生跑偏时，说明在桥两侧制动力大小不一样。（　　）

70. 汽车行驶拖滞，多为制动踏板无自由行程所致。（　）

71. 处于静平衡状态的车轮在高速旋转时，会产生很大的离心力，从而引起车轮周期性的跳动，这就是摆振。（　）

72. 当认为某个前轮有不平衡问题发生摆振时，属于轮胎问题的应进行轮胎换位，然后路试。（　）

二、单项选择题（下列每题有4个选项，其中只有1个是正确的，请将其代号填写在横线空白处）

1. 桑塔纳LX型轿车二级维护前检测轮胎时要求其花纹深度应大于________。

A. 0.6 mm　　B. 1.06 mm

C. 1.6 mm　　D. 2.6 mm

2. EQ1092F型汽车在二级维护前检测转向盘自由转动量时，要求转动量应为________。

A. 5°～10°　　B. 15°～20°

C. 25°～30°　　D. 15°～30°

3. 汽车底盘二级维护竣工检验项目中，在检查行驶系时，要求后轮辋孔与制动鼓观察孔________。

A. 对齐　　B. 垂直

C. 平行　　D. 相交

4. 下列为传动系二级维护竣工检验项目的是________。

A. 离合器踏板的自由行程检查　　B. 转向机构检查

C. 主减速器检查　　D. 轮胎检查

5. 变速器操纵时异响，可能是由于________。

A. 齿轮间隙过大　　B. 轴承间隙过小

C. 减震器失效　　D. 钣金件开裂

6. 传动轴存在异响的原因一般是由于________。

A. 减震器失效　　B. 转向节主销松旷

C. 中间轴承松旷　　D. 油封老化

7. 四轮定位的作用是使汽车保持稳定的________。

A. 直线行驶　　B. 曲线行驶

C. 转弯性能　　D. 制动性能

8. 一般新车在驾驶________个月后就应做四轮定位。

A. 2　　B. 3

C. 半年　　D. 1年

9. 车轮的动平衡试验通常________。

A. 只检测动平衡，不检测静平衡　　B. 只检测静平衡，不检测动平衡

C. 静、动平衡都必须检测　　D. 以上说法都不对

10. 动平衡的车轮一定处于________状态。

A. 动平衡　　B. 静平衡

C. 时动时静平衡　　D. 不平衡

11. 行车制动在产生最大制动作用时的踏板力，对于座位数小于或等于9的载客汽车应________。

A. 不大于700 N　　B. 不小于700 N

C. 不大于500 N　　D. 不小于500 N

12. 液压行车制动在达到规定的制动效能时，踏板行程不得超过踏板全行程的________。

A. 3/4　　B. 1/4

C. 1/3　　D. 3/4

13. 手动变速器的拆装过程中，在拉出输出轴总成的同时，应注意________拨叉轴的间隙。

A. 1挡、2挡　　B. 2挡、3挡

C. 3挡、4挡　　D. 1挡、倒挡

14. 手动变速器的拆装过程中，________齿轮同时啮合，锁住轴旋下主动锥齿轮螺母。

A. 倒挡和1挡　　B. 1挡、2挡

C. 2挡、3挡　　D. 3挡、4挡

15. 当离合器膜片弹簧________前移时，离合器处在分离状态。

A. 小端　　B. 大端

C. 前端　　D. 后端

16. 膜片弹簧________受压并产生位移，使从动盘摩擦片被压紧在飞轮和压盘之间，此时离合器处在接合状态。

A. 小端　　B. 大端

C. 前端　　D. 后端

17. 桑塔纳轿车在半径为120～150 mm处测量时，从动盘的翘曲量不大于________。

A. 0.08 mm　　B. 0.80 mm

C. 0.88 mm　　D. 8.80 mm

18. 压盘工作平面沟槽深度超过________时，应磨削修复。

A. 0.05 mm　　B. 0.50 mm

C. 0.08 mm　　D. 0.80 mm

19. 对主缸、轮缸总成进行密封性能试验时在制动回路中建立起最高工作压力时，稳定后30 s各制动腔压力降不大于________。

A. 0.03 MPa　　B. 0.33 MPa

C. 0.30 MPa　　D. 3.30 MPa

20. 大修的离合器应在装车前，应与________一起进行动平衡试验。

A. 活塞连杆组　　B. 传动系

C. 曲柄连杆机构　　D. 曲轴飞轮组

21. 在开始安装离合器时，应注意________的方向。

A. 主动盘　　B. 从动盘

C. 压盘　　D. 离合器盖

22. 由齿轮传动原理可知，一对齿数不同的齿轮啮合传动时可以变速，而且两齿轮的转速与齿轮的齿数________。

A. 相等　　B. 成正比

C. 成反比　　D. 成倍数

23. 变速操纵机构主要由变速操纵杆、拨叉、拨叉轴、锁止装置和________等组成。

A. 变速器盖　　B. 变速器壳

C. 同步器　　D. 齿轮组

24. 变速器轴的花键与配合机件的配合间隙应不大于________。

A. 0.08 mm　　B. 0.80 mm

C. 0.88 mm　　D. 8.80 mm

25. 用游标卡尺测量变速器轴的花键厚度，要求磨损不大于________。

A. 0.04 mm　　B. 0.40 mm

C. 0.08 mm　　D. 0.80 mm

26. 齿轮的工作面腐蚀斑点及剥落面积超过齿面的________时，应予更换。

A. 1/6　　B. 1/5

C. 1/4　　D. 1/2

27. 常啮合齿轮齿厚磨损不得超过________，否则，应予以更换。

A. 0.025 mm　　B. 0.25 mm

C. 0.52 mm　　D. 0.05 mm

28. 接合齿轮或相配合的滑动齿轮齿端部位磨损量不得超过齿宽的________。

A. 5%　　B. 10%

C. 15%　　D. 25%

29. 当滚动轴承与轴颈过渡配合时，其间隙允许比原设计规定增加________。

A. 0.003 mm　　B. 0.03 mm

C. 0.3 mm　　D. 0.33 mm

30. 自动变速器主要由液力变矩器、齿轮变速机构、液压控制系统、________等几部分组成。

A. 控制单元　　B. 执行器

C. 电控系统　　D. 传感器

31. 按齿轮变速器的类型不同可分为普通齿轮式和________两种自动变速器。

A. 行星齿轮式　　B. 直齿轮式

C. 斜齿轮式　　D. 内啮合齿轮式

32. 自动变速器液压试验要求发动机和自动变速器的工作温度为________。

A. 50～60℃　　B. 60～80℃

C. 70～80℃　　D. 60～90℃

33. 在进行自动变速器液压试验时，要求________人进行。

A. 一　　B. 二

C. 三　　D. 四

34. 在进行完一个挡位的时滞试验后，如再做实验，需让发动机怠速运转________左右。

A. 1 min　　B. 2 min

C. 3 min　　D. 4 min

35. 做失速试验时，要求时间不得超过________。

A. 3 s　　B. 4 s

C. 5 s　　D. 6 s

36. 时滞试验进行完________个挡位后，要使发动机怠速运转 1 min，再做试验。

A. 一　　B. 两

C. 三　　D. 四

37. 自动变速器的时滞试验共做________次，然后取平均值。

A. 1　　B. 2

C. 3　　D. 4

38. 自动变速器油一般按其________运动黏度分为6号、8号两种规格。

A. 60℃　　B. 80℃

C. 100℃　　D. 120℃

39. ________号液力传动油用于内燃机车或载货汽车的液力变矩器。

A. 0　　B. 5

C. 6　　D. 8

40. 发动机前置后轮驱动单级主减速器的圆柱滚子轴承压装在________的后端，靠座孔上的台阶限位。

A. 主动轴　　B. 从动轴

C. 倒挡轴　　D. 中间轴

41. 行星锥齿轮式差速器由________个行星锥齿轮、十字形行星锥齿轮轴、两个半轴锥齿轮等组成。

A. 二　　B. 三

C. 四　　D. 五

42. 组装主、从动锥齿轮时，要用弹簧秤钩在突缘螺孔处沿切线方向拉动，若能以________的力使其转动，则轴承的预紧度是合适的。

A. 14.7～31.3 N　　B. 16.0～33.1 N

C. 16.7～33.3 N　　D. 18.7～33.3 N

43. 组装主、从动锥齿轮时，要用压力机把前内轴承的内圈压到主动圆锥齿轮轴颈上，使其紧靠边齿轮________。

A. 小端　　B. 大端

C. 前端　　D. 后端

44. 差速器半轴齿轮承孔径向圆跳动一般应不大于________。

A. 0.008 mm　　B. 0.08 mm

C. 0.80 mm　　D. 0.88 mm

45. 差速器壳承孔与半轴齿轮轴颈的配合间隙为________。

A. 0～0.030 mm　　B. 0.05～0.25 mm

C. 0.3～0.33 mm　　D. 3.0～3.30 mm

46. 主、从动锥齿轮应沿齿长方向接触，其位置应控制在轮齿的中部偏向________端。

A. 小　　B. 大

C. 前　　D. 后

47. 主、从动锥齿轮接触痕的长度不小于齿长的________。

A. 30％　　B. 40％

C. 50％　　D. 60％

48. 为实现等速传动，在普通万向传动装置中采用________个万向节传动。

A. 一　　B. 两

C. 三　　D. 四

49. 最常见的万向节是________类型。

A. 十字轴式普通万向节　　B. 球叉式等速万向节

C. 球笼式等速万向节　　D. 球笼式不等速万向节

50. 循环球式转向器内有________级传动副。

A. 一　　B. 二

C. 三　　D. 四

51. 蜗杆曲柄指销式转向器壳体内装有传动副，其主动件是________。

A. 指销　　B. 转向蜗杆

C. 曲柄　　D. 壳体

52. 车身振动的固有频率应接近________时，人才能感觉舒适。

A. 0.6～1.6 Hz　　B. 1.0～1.8 Hz

C. 1.0～1.6 Hz　　D. 1.6～1.8 Hz

53. 悬架按照控制形式不同分为________。

A. 被动式悬架和主动式悬　　B. 被动式悬架和独立悬架

C. 独立悬架和非独立悬架　　D. 被动式悬架和主动式悬

54. 用电脑式四轮定位仪检测时，在检测汽车的前轮定位时，被检汽车前后高度与标准值的差不大于________。

A. 3 mm　　B. 4 mm

C. 5 mm　　D. 6 mm

55. 用电脑式四轮定位仪检测时，在检测前应把汽车开上举升平台，托起四个车轮，把汽车举升________。

A. 0.3 m　　B. 0.5 m

C. 0.6 m　　D. 0.8 m

56. 因为对于非独立悬架结构而言，车轴左右两端的转向节主销孔并不存在________角度。

A. 前倾　　B. 后倾

C. 左倾　　D. 右倾

57. ________的调整可在钢板弹簧下部与主轴的接触面之间垫以不同厚度的楔形铁片来调整。

A. 前轮外倾束　　B. 主销后倾

C. 主销内倾　　D. 前束

58. ________车轮制动器只是在汽车前进制动时起自动增力作用。

A. 单向自动增力式　　B. 双向自动增力式

C. 自动增力式　　D. 非平衡式

59. 双向自动增力式制动器制动蹄的________两侧铆有夹板，用复位弹簧将夹板拉靠在支承销上。

A. 上端　　B. 下端

C. 前端　　D. 后端

60. 制动器衬片铆钉头距摩擦衬片表面应不小于________。

A. 0.008 mm　　B. 0.080 mm

C. 0.80 mm　　D. 0.88 mm

61. 将摩擦衬片两端锉出________坡口，以防制动时衬片两端与制动鼓出现卡滞现象。

A. 30°　　B. 60°

C. 75°　　D. 90°

62. 用故障自诊断测试 ABS 系统如有故障，________后警告灯开始闪烁，读取警告灯闪烁次数。

A. 1 s　　B. 2 s

C. 3 s　　D. 4 s

63. 用故障自诊断测试 ABS 系统时，如果有多个故障码，则各故障码之间停________。

A. 2.0 s　　B. 2.2 s

C. 2.5 s　　D. 3.0 s

64. 当汽车以 40 km/h 以上的速度行驶时，驱动桥会发生一种不正常的响声，且车速越高响声越大，而当滑行时或低速时响声减小或消失的现象是________。

A. 变速器异响故障　　B. 传动轴异响故障

C. 驱动桥异响故障　　D. 离合器异响故障

65. 变速器与发动机安装时曲轴与变速器________轴中心线不同心能造成变速器异响。

A. 第一　　B. 第二

C. 中间　　D. 倒挡

66. 机械式转向系的转向器________，会造成转向沉重。

A. 小齿轮与齿条啮合间隙太小　　B. 大齿轮与齿条啮合间隙太小

C. 小齿轮与齿条啮合间隙太大　　D. 大齿轮与齿条啮合间隙太大

67. 对于动力转向系转向沉重故障的诊断与排除叙述不正确的是________。

A. 需按规定调整皮带张力　　B. 加油到规定油面

C. 对正转向器和皮带　　D. 松开夹紧螺栓，正确地装配

68. 诊断与排除制动拖滞故障时，观察车轮制动鼓发热情况，若全部车轮发热，为________故障。

A. 制动阀　　B. 制动器

C. 制动气室推杆　　D. 回位弹簧

69. 在诊断制动失效故障时，若车轮制动鼓边缘有大量制动液，则说明该轮________。

A. 主缸推杆防尘套处的制动液泄漏严重

B. 主缸储液室内制动液不足

C. 制动凸轮轴锈蚀

D. 轮缸皮碗压翻

70. 诊断与排除由前轮定位引起的车轮摆振故障路试时，一个人站在公路边观察从________以外的方向开来的车，观察哪个车轮摆得厉害。

A. 100～300 m　　B. 200～400 m

C. 300～500 m　　D. 200～500 m

71. 根据实践经验，由前轮定位引起的车轮摆振故障大都在行驶 10 000 km 以后发生，而且多数是________所致。

A. 前轮不平衡　　B. 前轮轮胎磨损

C. 转向拉杆球头销松旷　　D. 悬架松旷

三、多项选择题（下列每题中的多个选项中，至少有 2 个是正确的，请将正确答案的代号填在横线空白处）

1. 下列为 EQ1092F 型汽车的二级维护前检测项目和技术要求的是________。

A. 检测前轮定位

B. 测量左右两侧轴距差应不小于 10 mm

C. 测量左右两侧轴距差应不大于 10 mm

D. 检查离合器及变速器

2. 下列为桑塔纳 LX 型轿车二级维护前检测诊断项目的是________。

A. 检测车轮定位　　B. 路试检查车辆操纵稳定性

C. 路试检查制动主缸、真空助力器　　D. 检视传动轴

3. 下列________为汽车底盘二级维护竣工检验项目。

A. 离合器检查　　B. 转向系检查

C. 制动系检查　　D. 燃油供给系检查

4. 下列________为汽车行驶系的二级维护竣工检验项目。

A. 轮胎检查　　B. 钢板弹簧检查

C. 减震器检查　　D. 变速器检查

5. 当检测前轮定位超过规定值时，其附加作业项目内容为________。

A. 对变形件进行校正　　B. 更换磨损的零件

C. 修理磨损的零件　　D. 进行必要的修理和调整

6. 当主减速器、差速器存在异响、漏油等故障时，主要是由于________。

A. 齿轮磨损　　B. 轮齿折断

C. 轴承损坏　　D. 油封老化

7. 车辆前轮定位的内容包括________。

A. 主销后倾角　　B. 主销前倾角

C. 主销内倾角　　D. 主销外倾角

8. 车辆后轮定位的内容包括________。

A. 车轮外倾　　B. 后轮前束

C. 车轮内倾　　D. 前轮后束

9. 车轮的动平衡试验有________检查方法。

A. 离车式　　B. 就车式

C. 分解式　　D. 综合式

10. 常见的离车式车轮动平衡仪主要由________组成。

A. 驱动装置　　B. 转轴与支承装置

C. 显示与控制装置　　D. 制动装置及防护罩

11. 下列________为车辆制动性能的基本要求。

A. 机动车应具有行车制动系

B. 汽车应具有应急制动功能

C. 机动车应具有驻车制动功能

D. 当其中任一个制动系统失效时不再具有应急制动功能

12. 对车辆驻车制动性能的要求有________。

A. 其操纵装置必须有足够的储备行程

B. 即使在没有驾驶员的情况下，也能使车辆停在上、下坡道上

C. 驻车制动机构装有自动调节装置时允许在全行程的 3/4 以内达到规定的制动效能

D. 驻车制动机构装有自动调节装置时允许在全行程的 1/4 以内达到规定的制动效能

13. 对于手动变速器的拆装工艺叙述正确的是________。

A. 在取出输入轴时，必须将换挡拨叉放在空挡位置

B. 在取出输入轴时，必须将换挡拨叉放在倒挡位置

C. 用小冲头冲出 1 挡、2 挡换挡拨块上的弹性销，并取出弹性夹片

D. 用小冲头冲出 1 挡、倒挡换挡拨块上的弹性销，并取出弹性夹片

14. 对于手动变速器的拆装工艺叙述不正确的是________。

A. 在拉出输出轴总成的同时，应注意 1 挡、2 挡拨叉轴的间隙

B. 在拉出输入轴总成的同时，应注意 1 挡、2 挡拨叉轴的间隙

C. 变速器壳体可以直接固定在台钳上

D. 当变速器壳体固定在台钳上时，要求钳口应有较软的金属保护垫片

15. 汽车膜片弹簧离合器可分为________形式。

A. 推式膜片弹簧离合器　　B. 拉式膜片弹簧离合器

C. 固定式膜片弹簧离合器　　D. 旋转式膜片弹簧离合器

16. 对于膜片弹簧离合器的工作原理叙述正确的是________。

A. 膜片弹簧大端不移，离合器处在接合状态

B. 膜片弹簧大端后移，离合器处于分离状态

C. 离合器膜片弹簧小端前移，离合器处于分离状态

D. 离合器膜片弹簧小端前移，离合器处在接合状态

17. 下列对于检查、更换从动盘的操作要点叙述正确的是________。

A. 有轻微硬化，可用砂布打磨　　B. 严重烧损或油污时，应予更换

C. 从动盘花键毂与变速器第一轴的配合间隙不大于 0.60 mm

D. 从动盘花键毂与变速器第一轴的配合间隙不小于 0.60 mm

18. 下列对于检查、更换压盘的操作要点叙述不正确的是________。

A. 沟槽深度不超过 0.50 mm 时，可磨削修复

B. 沟槽深度超过 0.50 mm 时，应磨削修复

C. 磨削总量的限度，一般为 1.5～2.5 mm

D. 磨削后的压盘应重新进行平衡

19. 对于液压制动主缸、轮缸的技术要求叙述正确的是________。

A. 主缸缸筒和活塞外径公差应符合有关规定

B. 轮缸的皮碗出现老化现象时，应更换新件

C. 主缸、轮缸的回位弹簧安装位置应正确

D. 主缸、轮缸总成应具有耐压性能

20. 下列对于主缸、轮缸总成密封性能叙述不正确的是________。

A. 当制动液加至储液室最高位置时，在制动过程中主缸总成不得发生渗油

B. 当制动液加至储液室最低位置时，在制动过程中主缸总成不得发生渗油

C. 在制动回路中建立起最高工作压力，稳定后 30 s 各制动腔压力降不大于 0.3 MPa

D. 在制动回路中建立起最高工作压力，稳定后 30 s 各制动腔压力降不小于 0.3 MPa

21. 下列对于离合器的装配与调整的注意事项叙述正确的是________。

A. 在装配前应注意离合器盖与压盘间的装配记号

B. 在装配前应注意离合器盖与飞轮间的装配记号

C. 大修的离合器应在装车前与曲轴飞轮组一起进行动平衡试验

D. 大修的离合器应在装车前与曲柄连杆机构一起进行动平衡试验

22. 下列对于离合器的装配与调整的注意事项叙述不正确的是________。

A. 安装时应注意主动盘的方向　　B. 安装时应注意从动盘的方向

C. 应注意主动盘与压盘间的装配记号　　D. 应注意平衡片与压盘间的装配记号

23. 变速传动机构主要由输入轴、输出轴、中间轴、________、轴承等组成。

A. 同步器　　B. 变速器壳

C. 齿轮组　　D. 变速器盖

24. 对于普通变速器的工作原理叙述正确的是________。

A. 利用不同齿数的齿轮啮合传动实现转速

B. 利用相同齿数的齿轮啮合传动实现转速

C. 一对齿轮传动只能得到一个固定的传动比

D. 一对齿轮传动可以得到多个传动比

25. 下列________为变速器输入轴、输出轴、中间轴和倒挡轴的检修操作要点。

A. 轴颈的磨损如超过使用极限应换用新件

B. 用游标卡尺测量花键厚度，磨损不大于 0.4 mm

C. 用游标卡尺测量花键厚度，磨损不小于 0.4 mm

D. 变速器轴的花键插入与之配合的机件中，配合间隙应不小于 0.8 mm

26. 下列对于变速器输入轴、输出轴、中间轴和倒挡轴的检修操作要点叙述不正确的是________。

A. 变速器轴的花键插入与之配合的机件中配合间隙不大于 0.8 mm

B. 变速器轴的花键插入与之配合的机件中配合间隙不小于 0.8 mm

C. 用游标卡尺测量花键厚度，磨损应不小于 0.4 mm

D. 轴颈的磨损可用百分表测量

27. 下列是检修变速器齿轮方法的是________。

A. 齿轮出现裂纹，应予更换

B. 齿长磨损超过原齿长的 30%，应予以更换

C. 齿长磨损超过原齿长的 40%，应予以更换

D. 不常接合齿轮齿厚磨损超过 0.40 mm，应予以更换

28. 下列对于变速器齿轮检修的方法叙述不正确的是________。

A. 齿轮内花键齿厚磨损超过 0.40 mm 时，应予以更换

B. 齿轮内花键齿厚磨损超过 0.20 mm 时，应予以更换

C. 齿面有磨损台阶的，可用油石或砂轮修磨

D. 用塞尺检查第一轴与倒挡轴齿轮的花键侧隙，如超过使用极限，应予更换

29. 下列________为变速器壳体修理的技术条件。

A. 壳体上平面长度不小于 250 mm，其平面度公差为 0.15 mm

B. 壳体上平面与输入、输出轴轴承承孔的公共轴线的平行度公差为 0.20 mm

C. 表面粗糙度一般不低于 $Ra1.6\ \mu m$

D. 轴颈与壳体承孔的配合公差允许比原设计规定增加 0.15 mm

30. 变速器盖的修理技术条件叙述正确的是________。

A. 盖与壳体的结合平面长度应符合规定值

B. 盖上变速杆中部球形承孔直径允许比原设计规定增加 0.050 mm

C. 盖上变速杆中部球形承孔直径允许比原设计规定增加 0.50 mm

D. 拨叉轴与盖（或壳体）承孔的配合间隙为 0.04～0.20 mm

31. 自动变速器主要由________等几部分组成。

A. 液力变矩器　　B. 齿轮变速机构

C. 电控系统　　D. 液压控制系统

32. 对于自动变速器的分类叙述正确的是________。

A. 按汽车驱动方式的不同可分为后驱动自动变速器和前驱动自动变速器

B. 按前进挡的位数不同可分为 3 个前进挡、4 个前进挡、5 个前进挡等自动变速器

C. 按变矩器的类型不同可分为有锁止离合器和无锁止离合器两种自动变速器

D. 按控制方式不同可分为：全液控制和电液控制自动变速器两种

33. 下列对于自动变速器液压试验注意事项叙述正确的是________。

A. 要求发动机和自动变速器达到正常工作温度

B. 要求将油压表放在便于观察的位置

C. 要求连接油管及导线要远离发动机的旋转部件

D. 试验要有 3 个人配合

34. 下列对于自动变速器液压试验注意事项叙述不正确的是________。

A. 发动机和自动变速器达到正常工作温度

B. 将油压表放在车身上

C. 连接油管及导线要远离汽车或发动机的旋转部件

D. 试验要有 3 个人配合

35. 自动变速器失速试验的注意事项有________。

A. 在试验中如发现驱动轮因制动力不足而转动，应停止试验

B. 试验结束后不要立即熄火，应使自动变速器油温恢复正常

C. 做失速试验时，时间不得超过 4 s

D. 进行完一个挡位的试验后，不得立即进行下一挡位的试验

36. 对于自动变速器失速试验的注意事项叙述不正确的有________。

A. 失速试验时，时间不得超过 6 s

B. 试验结束后不要立即熄火，应使自动变速器油温度恢复正常

C. 在试验中发现驱动轮因制动力不足而转动，应停止试验

D. 试验要由三人配合进行

37. 自动变速器的时滞试验的注意事项有________。

A. 使发动机和自动变速器达到正常工作温度

B. 进行完一个挡位的试验后，使发动机怠速运转 1 min 左右，再做试验

C. 时滞试验只需做 1 次

D. 时滞试验共做 3 次，取平均值

38. 下列对于自动变速器时滞试验的注意事项叙述不正确的是________。

A. 使发动机和自动变速器达到正常工作温度

B. 进行完一个挡位的试验后，使发动机怠速运转 2 min 左右，再做试验

C. 时滞试验只需做 1 次

D. 时滞试验共做 3 次，取平均值

39. 自动变速器油一般按其 100℃运动黏度分为________、8 号两种规格

A. 0 号　　B. 5 号

C. 6 号　　D. 8 号

40. 自动变速器油的选用原则有________。

A. 不同型号不能错用　　　　B. 可以混用

C. 不能混用　　　　D. 以上说法都不正确

41. 下列对于普通齿轮式差速器的运动原理叙述正确的是________。

A. 两侧车轮有滑转和滑移趋势时，两侧车轮所受的行驶阻力相等

B. 两侧车轮没有滑转和滑移趋势时，两侧车轮所受的行驶阻力相等

C. 汽车在转弯行驶时，行星齿轮即发生自转，使两侧车轮以不同的转速在地面上滚动

D. 差速器无论差速与否，两半轴齿轮转速之和始终等于差速器壳转速的 3 倍

42. 对于发动机前置后轮驱动单级主减速器的构造与工作原理叙述正确的是________。

A. 主动锥齿轮与主动轴制成一体

B. 装配时应在支承螺栓与从动锥齿轮背面之间留一定间隙

C. 轴承座依靠突缘定位，用螺钉固装在主减速器壳体的前端

D. 轴承座依靠突缘定位，用螺钉固装在主减速器壳体的后端

43. 对于主、从动锥齿轮测量和调整轴承预紧度的操作要点叙述正确的是________。

A. 当轴承的预紧度不合适时，可增减调整垫片进行调整

B. 主动圆锥齿轮轴承预紧度，可以用手转动突缘进行检查

C. 轴承预紧度调好后，应拆下连接突缘

D. 用手转动突缘主动圆锥齿轮应转动灵活无阻滞

44. 对于主、从动锥齿轮测量和调整轴承预紧度的操作要点叙述不正确的是________。

A. 主动圆锥齿轮轴承预紧度沿轴向推拉突缘，应无间隙感为合适

B. 主动圆锥齿轮轴承预紧度沿径向推拉突缘，应无间隙感为合适

C. 用压力机把前外轴承的外圈压入轴承座

D. 用弹簧秤钩在突缘螺孔处沿垂线方向拉动，若能以 16.7～33.3 N 的力使其转动，轴承的预紧度是合适的

45. 对于行星齿轮轴、半轴齿轮的装配与调整叙述正确的是________。

A. 用压力机将轴承内圈压入左右差速器壳的轴颈上

B. 十字轴承孔的垂直度误差应不大于100：0.05

C. 半轴齿轮及轴承之间结合端面对壳体轴承轴颈轴线的端面跳动均应不大于 0.05 mm

D. 检查半轴齿轮与支承垫片之间的间隙，此间隙应不大于 0.5 mm

46. 下列对于差速器总成的装配与调整叙述正确的是________。

A. 用压力机将轴承内圈压入左右差速器壳的轴颈上

B. 将已装好十字轴总成装入左差速器壳的十字柄中，并使行星齿轮与半轴齿轮啮合

C. 检查半轴齿轮与支承垫片之间的间隙，此间隙应不大于 0.5 mm

D. 通过调整螺母调整差速器轴承的预紧度

47. 主减速器的调整方法有________。

A. 先调整啮合间隙

B. 最后调整轴承预紧度

C. 保证啮合印痕的前提下调整啮合间隙

D. 调整的过程中不得变更轴承预紧度

48. 啮合印痕的检查方法有________。

A. 在从动齿上相隔 120°的三处，用红丹油在轮齿的正反面各涂三个齿

B. 在主动齿上相隔 120°的三处，用红丹油在轮齿的正反面各涂三个齿

C. 正反向各转动主动齿轮数圈

D. 正反向各转动从动齿轮数圈

49. 万向传动装置由万向节、________、伸缩套等组成。

A. 输入轴 B. 输出轴

C. 传动轴 D. 中间支承

50. 两个万向节等速传动时应在安装上满足的条件有________。

A. 传动轴两端的万向节叉处于同一平面

B. 传动轴两端的万向节叉应垂直

C. 输出轴和输入轴与传动轴的夹角相等

D. 输出轴和输入轴与传动轴的夹角不相等

51. 汽车转向器分为________。

A. 循环球式 B. 齿轮齿条式

C. 蜗杆曲柄指销式 D. 蜗轮蜗杆式

52. 下列对于齿轮齿条式转向器的结构和工作原理叙述正确的是________。

A. 转向器通过转向器壳体的两端用螺栓固定在车身上

B. 转向齿轮是转向器的从动件，它与相啮合的主动件转向齿条水平布置

C. 转向齿轮是转向器的主动件，它与相啮合的从动件转向齿条水平布置

D. 转向齿条的中部，通过拉杆支架与左、右转向横拉杆连接

53. 根据汽车导向装置的不同，悬架可分为________。

A. 被动式悬架 B. 主动式悬架

C. 独立悬架 D. 非独立悬架

54. 悬架系统的结构包括________。

A. 弹性元件　　B. 减震器

C. 导向机构　　D. 传动机构

55. 汽车前轮定位的检测步骤有________。

A. 把传感器支架安装在轮辋上，再把传感器安装到支架上

B. 调整主销后倾角、车轮外倾角及前束，调整方法可按计算机屏幕提示进行

C. 调正转向盘，并用转向盘锁锁住转向盘使之不能转动

D. 把汽车开上举升平台，托起四个车轮

56. 汽车前轮定位检测前的准备工作有________。

A. 拆下各车轮，检查轮胎磨损情况

B. 作车轮的动平衡，动平衡完成后，把车轮装好

C. 检查车身高度，检查车身四个角的高度

D. 检查避震器技术状况

57. 主销后倾角的调整方法有________。

A. 可在钢板弹簧下部与主轴的接触面之间垫以不同厚度的楔形铁片来调整

B. 当楔形铁片由后向前插入时，使车轴左右两端的转向节主销后倾角加大

C. 当楔形铁片由后向前插入时，使车轴左右两端的转向节主销后倾角变小

D. 当楔形铁片由前向后插入时，主销后倾角将减小

58. 对于主销内倾角的调整方法叙述正确的有________。

A. 外倾角不符合规定时，需对前轴进行校正

B. 主销后倾角与车轮外倾角可通过调整摆臂长度来实现

C. 调整主销后倾角，可通过转动上摆臂轴来实现

D. 车轮外倾角则由加在上摆臂轴与固定支架之间的垫片来调整

59. 鼓式车轮制动器通常可分为________。

A. 非平衡式　　B. 平衡式

C. 自动增力式　　D. 自动控制式

60. 平衡式车轮制动器可分为________。

A. 单向助势平衡式车轮制动器　　B. 双向助势平衡式制动器

C. 多向助势平衡式制动器　　D. 双向非助势平衡式制动器

61. 在换用新摩擦衬片时的基本操作工艺有________。

A. 用合适尺寸的钻头钻除铆钉头部，冲出铆钉，取下旧衬片

B. 以制动蹄上的铆钉孔为基准，在摩擦衬片上钻出铆钉孔和沉头孔

C. 用铆钉将摩擦衬片与制动蹄铆合在一起，由中间向两边铆合

D. 用专用光磨机光磨衬片端面，使其外径比制动鼓内径小 1.0～1.5 mm

62. 制动摩擦衬片检查项目有________。

A. 敲击及直观检查，摩擦衬片应无裂纹

B. 用深度游标卡尺测量，衬片铆钉头距摩擦衬片表面应不小于 0.80 mm

C. 用深度游标卡尺测量，衬片铆钉头距摩擦衬片表面应不大于 0.80 mm

D. 衬片厚度应不小于 9 mm

63. 用故障自诊断测试 ABS 系统的操作要点叙述正确的有________。

A. 检查蓄电池电压是否为 5 V

B. 检查“ABS”警告灯是否正常

C. 车型不同，故障码的读取方式也不同

D. 如果没有故障，警告灯每 0.5 s 闪亮一次

64. 用故障自诊断测试 ABS 系统的操作要点叙述不正确的有________。

A. 检查蓄电池电压是否为 12 V

B. 车型虽然不同，但故障码的读取方式相同

C. 如果没有故障，警告灯每 0.6 s 闪亮一次

D. 检查“ABS”警告灯是否正常

65. 造成变速器异响的故障原因可能是________。

A. 变速器壳变形　　B. 个别齿轮牙齿缺损

C. 轴承松旷　　D. 分离轴承磨损

66. 对于离合器异响的原因分析不正确的是________。

A. 轴承复位弹簧过硬

B. 从动钢片铆钉松动

C. 从动盘毂与变速器第二轴花键磨损严重

D. 传动销与孔磨损松旷

67. 造成机械式转向系转向沉重故障的原因叙述正确的是________。

A. 转向器小齿轮与齿条啮合间隙太大　　B. 前轮定位角不正确

C. 前轮胎气压不足　　D. 转向器或转向柱的轴承损坏

68. 对于动力转向系转向沉重故障的诊断与排除叙述正确的是________。

A. 按规定调整皮带张力

B. 对正转向器和转向管柱

C. 加油到规定油面，如油面过低，检查所有管路和接头，拧紧松动接头

D. 松开夹紧螺栓，正确地装配

69. 对于由制动器引起的单个车轮制动拖滞故障的诊断与排除方法叙述正确的是________。

A. 检查制动间隙是否过小

B. 检查制动踏板，观察制动气室推杆的复位情况

C. 检查制动蹄复位弹簧

D. 检查制动凸轮轴是否锈蚀

70. 由制动器引起的制动失效故障的诊断方法叙述正确的是________。

A. 检查主缸储液室内制动液是否充足

B. 检查主缸推杆防尘套处的制动液是否泄漏

C. 若车轮制动鼓边缘有大量制动液，则说明该轮缸皮碗压翻或严重破损

D. 若车轮制动鼓边缘有大量制动液，则说明该主缸皮碗压翻或严重破损

71. 由前轮定位引起的轮胎异常磨损故障的排除方法有________。

A. 检查轮胎气压是否正常

B. 检查左右轮胎尺寸规格是否一致

C. 检查钢板弹簧 U 形螺栓是否松动

D. 检查前轮外倾角、前轮前束是否符合要求

72. 诊断与排除由前轮定位引起的车轮摆振故障时，停车检查的具体做法叙述正确的是________。

A. 用手将转动不灵活的车轮转动 2～3 转，等车轮停止转动后，用粉笔做个记号

B. 连续做 3 次试验，每次都做记号，观察记号是否都停在一个部位

C. 假如每次最低位置的记号都一样，说明该点是不平衡点

D. 每次要求标记下边较重的部位

参考答案

一、判断题

1.√　2.×　3.×　4.√　5.×　6.√　7.×　8.√　9.√　10.×　11.√　12.√
13.×　14.×　15.√　16.×　17.×　18.√　19.×　20.√　21.×　22.×　23.√
24.√　25.×　26.√　27.×　28.×　29.×　30.×　31.×　32.×　33.√　34.×
35.×　36.√　37.√　38.×　39.×　40.√　41.√　42.×　43.√　44.×　45.×
46.√　47.×　48.√　49.×　50.√　51.×　52.√　53.×　54.√　55.√　56.√

57.√ 58.√ 59.√ 60.× 61.√ 62.× 63.√ 64.× 65.√ 66.× 67.×
68.√ 69.√ 70.√ 71.× 72.√

二、单项选择题

1.C 2.D 3.A 4.C 5.A 6.C 7.A 8.B 9.A 10.B 11.C 12.D 13.A
14.A 15.A 16.B 17.B 18.B 19.C 20.D 21.B 22.C 23.A 24.B 25.B
26.C 27.B 28.C 29.A 30.C 31.A 32.B 33.B 34.A 35.C 36.A 37.C
38.C 39.C 40.A 41.C 42.C 43.B 44.B 45.B 46.A 47.C 48.B 49.A
50.B 51.B 52.C 53.D 54.C 55.B 56.B 57.B 58.A 59.A 60.C 61.C
62.D 63.C 64.C 65.A 66.A 67.C 68.A 69.D 70.C 71.A

三、多项选择题

1.ACD 2.ABCD 3.ABC 4.ABC 5.ABD 6.ABCD 7.AC 8.AB 9.AB
10.ABCD 11.ABC 12.ABC 13.AC 14.AD 15.AB 16.BC 17.ABC 18.AC
19.ABCD 20.AC 21.ABC 22.AC 23.ABC 24.AC 25.AB 26.BCD 27.ABD
28.AD 29.BC 30.ACD 31.ABCD 32.ABCD 33.ABC 34.BD 35.ABD 36.AD
37.ABD 38.BC 39.CD 40.AC 41.BC 42.ABC 43.ABCD 44.AD 45.BD
46.ABCD 47.CD 48.AC 49.CD 50.AC 51.ABC 52.ABD 53.CD 54.ABC
55.ABC 56.ABCD 57.ABD 58.CD 59.ABC 60.AB 61.ABC 62.ABD
63.BCD 64.BC 65.ABC 66.AC 67.BCD 68.ABCD 69.ABCD 70.ABC
71.ABCD 72.BCD

第三章　电器设备维修作业

考 核 要 点

理论知识考核范围	考核要点	重要程度
汽车电气二级维护	二级维护前的检测项目与技术要点	掌握
	二级维护竣工检测项目与技术要点	掌握
	二级维护附加作业项目的确定依据	掌握
	蓄电池的维护	掌握
	蓄电池充电时的注意事项	掌握
启动机的检修	启动机的分类	掌握
	启动机的结构	掌握
	启动机的工作原理	掌握
	启动机的性能参数	掌握
	启动机性能测试的方法	掌握
发电机的检修	发电机的结构与工作原理	掌握
	发电机的组装	掌握
	发电机的性能测试方法	掌握
	发电机的性能参数	掌握
空调制冷系统的检修	空调制冷系统的组成	掌握
	制冷剂的种类	掌握
	制冷剂的性能	掌握
仪表的检修	电流表	掌握
	电压表	掌握
	机油压力表	掌握
	水温表	掌握
	燃油表	掌握
	仪表稳压器	熟悉
	车速里程表	掌握

续表

理论知识考核范围	考核要点	重要程度
诊断与排除电气设备故障	充电电流不稳故障	掌握
	启动机运转无力故障	掌握
	火花塞间歇性跳火故障	掌握
	高压无火的故障	熟悉
	低速断火故障	熟悉
	发电机异响故障	了解
	启动机不能与飞轮结合的故障	了解
	喇叭不响的故障	熟悉
	喇叭触点经常烧坏的故障	了解
	喇叭长鸣的故障	熟悉
	空调压缩机不运转故障	熟悉

重点复习提示

一、二级维护前的检测项目

1. 检查点火提前角。
2. 检查分电器重叠角。
3. 检查触点闭合角。
4. 检查点火电压。
5. 检查启动电压、电流。
6. 检查蓄电池充电电压及电流。

二、二级维护竣工检验项目的具体要求

1. 密封继电器：全车无油、水、气泄漏，密封良好，电器装置工作可靠，绝缘良好。
2. 前照灯、信号、仪表、刮水器、后视镜稳固、齐全、有效，符合有关规定。

三、汽车电气设备二级维护附加作业项目的确定依据

1. 点火系中如检测出触点闭合角不符合规定，点火提前角失准。
2. 点火电压达不到规定值，点火波形失常。

3. 分电器重叠角超过技术要求。

四、蓄电池的维护

1. 观察蓄电池外壳表面有无电解液漏出。

2. 检查蓄电池在车上安装是否牢靠，导线接头与电桩的连接是否紧固。

3. 经常清除蓄电池盖上的灰尘泥土，擦去电池顶上的电液，疏通加液盖上的通气小孔，清除蓄电池接线柱和导线接线头的氧化物。

4. 紧固蓄电池安装架，电线接线柱与线头应紧固并涂上润滑脂。

5. 定期检查和调整电解液的相对密度及液面高度。

6. 经常检查蓄电池放电程度，超过规定值时立即充电。普通蓄电池存电量检查常用两种方法：

（1）用单格电池式高率放电计测量单格电压。

（2）高率放电计测试蓄电池电压。

7. 电池要防冻、防晒。冬季严寒条件下，电解液黏度上升，活性物质细孔收缩，化学变化减弱，蓄电池容量减小。

五、启动机的分类

1. 按控制机构不同可分为机械操纵式启动机、电磁操纵式启动机。

2. 按传动机构可分为惯性啮合式启动机、电枢移动式启动机、强制啮合式启动机。

六、启动机的结构

启动机由直流串励式电动机、传动机构及控制机构三部分组成。

七、启动机的性能参数

1. 额定值主要有两个参数：额定功率、额定电压。

2. 空转试验主要有三个参数：空转电压、空转最大电流、空转速度。

3. 全制动试验主要有三个参数：全制动试验电压、全制动电流、全制动转矩。

八、启动机性能测试的方法

装复后的启动机整机应在实验台上进行性能测试，项目包括空转试验和全制动试验。

九、发电机的结构与工作原理

1. 结构

硅整流发电机主要由转子、整流器、前后端盖、风扇及带轮、电刷及电刷架等 6 个部分组成。

2. 工作原理

硅整流发电机的三相定子绕组是对称的。即每相绕组的个数及每个线圈的匝数都相等，绕组的绕法也相同，且按相同的规律分布在定子铁心的槽中，它们之间互差 120°角度。三相定子绕组所产生的感生电动势是频率相同、最大值相同、相位相差 120°的三相对称正弦交流电动势。硅整流发电机每相绕组产生的交流电动势的有效值与发电机的转速和磁通的乘积成正比。

十、发电机的性能测试方法

发电机的性能测试方法通过空载和负载两个试验进行发电机性能测试。双级触点式调节器的调节电压分为两级，分别对应较低转速和高转速。

十一、发电机的性能参数

QDY121A 型发电机的性能参数如下：

1. 发电机额定输出：12 V，1.1 kW。

2. 输出特性：

空载：11.5 V　　　　　　　≤70 A≥3 000 r/min

负载 1：负载电源 6 N·m　　≤280 A≥1 650 r/min

负载 2：负载电源 9 N·m　　≤430 A≥850 r/min

3. 工作时间：≤30 s。

4. 旋转方向：逆时针（从驱动端视）。

5. 开关始吸电压：(23±5)℃　≤7.0 V

始吸电流：≤30 A

释放电压：≤4 V

6. 电机总重：2.8 kg。

十二、空调制冷系统的组成

它包括压缩机、冷凝器、风扇、储液干燥器、膨胀阀、蒸发器、风机等。

十三、制冷剂的种类

CFC类包括R11、R12、R13、R113、R114、R115等。

HFC类包括R23、R32、R41、R125、R134、R143、R152等。

十四、制冷剂的性能

凡由H、Cl、F、C四种元素组成的制冷剂通称为HCFC类，或不完全氯氟（代）烃类。HCFC类包括R22、R123、R133等。

CFC12氟利昂是饱和碳氢化合物的氟氯溴衍生物的总称，即氟氯溴原子取代饱和碳氢化合物中的氢原子所得的化合物。CFC12是氟利昂中的一种，常用R－12或F－12简化表示，学名为二氟二氯甲烷，分子式是CF_2CI_2。

十五、电流表

电流表用来指示蓄电池的充电电流值，同时还用以监视充电系是否正常工作。汽车常用电流表的结构可分为动铁式（也称电磁式）和动磁式两种。

十六、电压表

电压表用来指示发电机和蓄电池的端电压，在结构上有电热式、电磁式两种。电热式电压表结构简单，在接通或切断电源时，指针摆动较迟缓，要待指针指示稳定后才可读数。

十七、机油压力表

机油压力表的作用是在发动机运转时，指示发动机主油道机油压力。它由装在发动机主油道上（或粗滤器壳上）的油压传感器配合工作。常用油压表结构有电热式和电磁式两种，现代汽车上大多采用电热式油压表。

十八、水温表

水温表的作用是指示发动机冷却水的温度，由装在仪表板上的水温指示表和装在发动机水套上的水温传感器配合工作。正常指示值一般为80～105℃。水温指示表有电热式和电磁式两类。

十九、燃油表

燃油表是用来指示油箱内储蓄油量多少的。它由装在仪表板上的燃油指示表和装在燃油箱内的传感器构成。燃油指示表有电磁式和电热式两种，现代汽车常用电热式燃油指示表配可变电阻式传感器。

二十、仪表稳压器

电热式水温表及燃油表配用可变电阻式传感器时，应在电路中串入仪表稳压器，其作用是当电源电压变化时稳定仪表平均电压，避免仪表的指示误差。仪表稳压器常见的有电热式和电子式两类。

二十一、车速里程表

车速里程表用来指示汽车行驶速度和累计汽车行驶里程数，它由车速表和里程表两部分组成。按其工作原理可分为磁感应式和电子式两种。

二十二、诊断与排除电气设备故障

下列故障的具体诊断与排除方法见《国家职业资格培训教程——汽车修理工（中级）》（第 2 版）中相关内容。

1. 充电电流不稳故障
2. 启动机运转无力故障
3. 火花塞间歇性跳火故障
4. 高压无火的故障
5. 低速断火故障
6. 发电机异响故障
7. 启动机不能与飞轮结合的故障
8. 喇叭不响的故障
9. 喇叭触点经常烧坏的故障
10. 喇叭长鸣的故障
11. 空调压缩机不运转故障

辅导练习题

一、判断题（下列判断正确的请在括号内打“√”，错误的打“×”）

1. 汽车二级维护前分电器重叠角应不大于 8°。 （ ）
2. 汽车二级维护前应检查蓄电池充电电压及电流。 （ ）

3. 汽车电气二级维护竣工检验项目包括：密封继电器、前照灯、信号、仪表、刮水器、后视镜。（　）

4. 二级维护竣工检验信号、仪表等要稳固、齐全、有效，符合有关规定。（　）

5. 点火系中如检测出触点闭合角符合规定，则点火提前角失准。（　）

6. 分电器重叠角超过技术要求一定是分电器调整不当。（　）

7. 蓄电池不需进行维护。（　）

8. 要定期检查和调整电解液的相对密度及液面高度。（　）

9. 蓄电池充电时不需打开液盖。（　）

10. 充电室要安装通风设备，严禁用明火取暖，充电机和蓄电池应隔室放置。（　）

11. 启动机按控制机构不同可分为惯性啮合式启动机、电枢移动式启动机、强制啮合式启动机。（　）

12. 启动机按传动机构可分为机械操纵式启动机和电磁操纵式启动机。（　）

13. 启动机由直流串励式电动机、传动机构两部分组成。（　）

14. 启动机由直流串励式电动机、传动机构及控制机构三部分组成。（　）

15. 启动机的全制动试验主要有三个参数：全制动试验电压、全制动电流、全制动转矩。（　）

16. 启动机的性能额定值主要有两个参数：额定功率、额定电压。（　）

17. 启动机空转试验主要有三个参数：全制动电压、全制动最大电流、全制动速度。

（　）

18. 装复后的启动机性能测试的项目包括空转试验和全制动试验。（　）

19. 进行启动机空转试验时要接好试验线路，保证线路的电压降不大于 5 V。（　）

20. 硅整流发电机主要由转子、整流器、前后端盖、风扇及带轮、电刷及电刷架等 6 个部分组成。（　）

21. 三相定子绕组所产生的感生电动势是频率相同、最大值相同、相位相差 150°的三相对称正弦交流电动势。（　）

22. 硅整流发电机每相绕组产生的交流电动势的有效值与发电机的转速和磁通的乘积成正比。（　）

23. 发电机各部件经检修均合格后，即可进行总装配。（　）

24. 将整流器组件装回后端盖，用电阻表检查散热板与端盖间的绝缘情况。（　）

25. 通过空载和负载两个试验进行发电机性能测试。（　）

26. 发电机固定时，将发电机夹紧，允许发电机变形。（　）

27. 双级触点式调节器的调节电压分为两级。（　）

28. 双级触点式调节器的调节电压分别对应空转速和高转速。（　）

29. QDY121A 型发电机的额定输出为 12 V，1.1 kW。（　）

30. QDY121A 型发电机的旋转方向为顺时针（从驱动端视）。（　）

31. 汽车空调制冷系统包括压缩机、冷凝器、风扇、储液干燥器、膨胀阀、蒸发器、风机等。（　）

32. 凡由 Cl、F、C 三种元素组成的制冷剂通称为 CFC 类，或氯氟（代）烃类。（　）

33. 凡由 H、Cl、F、C 四种元素组成的制冷剂通称为 HFC 类。（　）

34. 氟利昂是饱和碳氢化合物的氟氯溴衍生物的总称。（　）

35. CFCl2 是氟利昂中的一种，学名为一氟二氯甲烷。（　）

36. 不同型号的发电机应配用相同量程的电流表。（　）

37. 电流表用来指示蓄电池的充电电流值，同时还用以监视充电系是否正常工作。（　）

38. 电压表用来指示发电机和蓄电池的端电压。（　）

39. 电压表在结构上有动铁式（也称电磁式）和动磁式两种。（　）

40. 机油压力表的作用是在发动机运转时，指示发动机主油道机油压力。（　）

41. 常用油压表结构有电热式和电磁式两种，现代汽车上大多采用电磁式油压表。（　）

42. 油压表不能与传感器配套使用。（　）

43. 水温表的作用是指示散热器中冷却水的温度。（　）

44. 水温表正常指示值一般为 60～80℃。（　）

45. 燃油表是用来指示油箱内储蓄油量多少的。（　）

46. 现代汽车常用电磁式燃油指示表配可变电阻式传感器。（　）

47. 仪表稳压器的作用是当电源电压变化时稳定仪表平均电压，避免仪表的指示误差。（　）

48. 仪表稳压器常见的有电热式和电子式两类。（　）

49. 桑塔纳 2000 型轿车采用的是磁感应式车速里程表。（　）

50. 车速里程表用来指示汽车行驶速度和累计汽车行驶时间。（　）

51. 发动机在中速以上运转，电流表指示充电电流忽大忽小或时充时放，指针摆动大是充电电流不稳故障。（　）

52. 充电指示灯亮度不变是充电电流不稳故障。（　）

53. 蓄电池亏电太多，或启动电路接头松动、脏污而接触不良导致启动机运转无力。（　）

54. 启动机运转缓慢无力，能带动发动机正常运转。（　）

55. 点火正时不正确会导致火花塞间歇性跳火。（　）

56. 火花塞间歇性跳火影响因素可能是分电器。（　）

57. 打开点火开关，启动发动机，电流表动态正常，但发动机无着火征兆、不能启动，是因为火花塞间歇性跳火。（　）

58. 分火头漏电会产生高压无火的故障。（　）

59. 怠速时发动机有明显振动现象是高速断火故障。（　）

60. 分电器断电触点间隙过小会产生低速断火故障。（　）

61. 发电机运转中发出连续或断续的噪声是发电机异响故障。（　）

62. 发电机轴承润滑不良、损坏是低速断火故障。（　）

63. 启动机不能与飞轮结合的故障现象是接通点火开关的启动挡，启动时只是空转，不能啮合飞轮带动发动机运转。（　）

64. 按下喇叭按钮时，喇叭不响，有可能是喇叭电源线路短路。（　）

65. 喇叭衔铁气隙过小会导致喇叭不响。（　）

66. 喇叭触点间隙调整过大或线圈匝间短路，工作电流过大会导致喇叭触点经常烧坏。（　）

67. 喇叭按钮回位弹簧过弱或折断，导致行车中喇叭突然响声不停，或按了喇叭按钮松开后喇叭响声依然长鸣。（　）

68. 继电器触点烧结或弹簧片弹力过硬导致喇叭长鸣。（　）

69. 空调开关接通后，制冷压缩机不转动，出风口只进风而无冷气原因是空调压缩机不运转。（　）

70. 电磁离合器从动压力板连接半圆键松脱导致空调压缩机不运转。（　）

二、单项选择题（下列每题有4个选项，其中只有1个是正确的，请将其代号填写在横线空白处）

1. 汽车二级维护前各缸的点火电压差值不大于________。

A. 5 kV　　B. 8 kV

C. 2 kV　　D. 10 kV

2. 汽车二级维护前，启动前蓄电池电压不小于________。

A. 10 V　　B. 12 V

C. 15 V　　D. 20 V

3. 汽车电气二级维护竣工检测项目包括________。

A. 前照灯　　B. 曲轴

C. 凸轮轴　　D. 点火系

4. 汽车电气二级维护竣工检测对________要求全车无油、水、气泄漏，密封良好，电器装置工作可靠，绝缘良好。

A. 密封继电器　　B. 前照灯

C. 仪表　　D. 后视镜

5. 汽车电气设备二级维护附加作业时点火电压达不到规定值，原因是________。

A. 点火提前角失准　　B. 点火波形失常

C. 分电器重叠角过大　　D. 分电器调整不当

6. 点火系中如检测出触点闭合角不符合规定，原因是________。

A. 分电器重叠角过小　　B. 点火系元件工作性能太差

C. 蓄电池没电　　D. 点火提前角失准

7. 汽车一般每行驶________就应检查电解液的液面高度。

A. 100 km　　B. 1 000 km

C. 10 km　　D. 10 000 km

8. 橡胶壳蓄电池电解液液面高度应高出极板________。

A. 1～5 mm　　B. 5～10 mm

C. 10～15 mm　　D. 15～20 mm

9. 蓄电池初充电时应________。

A. 允许长时间中断　　B. 充一段时间停一段时间

C. 连续进行　　D. 充一段时间即可

10. 无触点电容储能式点火系与电子点火系的工作原理区别主要在于________。

A. 触发信号的获得方式不同　　B. 点火方式不同

C. 电子点火模块获得信号不同　　D. 控制点火模块的功率不同

11. 启动机按控制机构不同包括________。

A. 惯性啮合式启动机　　B. 电枢移动式启动机

C. 强制啮合式启动机　　D. 机械操纵式启动机

12. 下列不属于启动机按传动机构分类的是________。

A. 惯性啮合式启动机　　B. 电枢移动式启动机

C. 强制啮合式启动机　　D. 电磁操纵式启动机

13. 启动机由________、传动机构及控制机构三部分组成。

A. 直流串励式电动机　　　　B. 执行机构

C. 机械操纵式电动机　　　　D. 强制啮合式电动机

14. 无启动继电器，将点火开关置于________时，电动机通电工作。

A. 高速挡　　　　B. 启动挡

C. 怠速挡　　　　D. 倒挡

15. 带启动继电器，启动后，断开点火开关________，启动机停止工作。

A. 启动挡　　　　B. 怠速挡

C. 倒挡　　　　D. 高速挡

16. ________是启动机空转试验参数。

A. 空转转矩　　　　B. 空转功率

C. 空转电压　　　　D. 额定电压

17. 启动机全制动试验主要有________个参数

A. 一　　　　B. 二

C. 三　　　　D. 四

18. 装复后的启动机性能测试包括________。

A. 怠速试验　　　　B. 空转试验

C. 启动试验　　　　D. 高速试验

19. 启动机在全制动试验中，合上开关，记录电流表数值及电压表和弹簧秤的示数，________则表明电枢和励磁绕组中有搭铁短路故障。

A. 扭矩大而电流小　　　　B. 扭矩小而电流大

C. 扭矩大而电流大　　　　D. 扭矩小而电流小

20. 硅整流发电机主要由________、整流器、前后端盖、风扇及带轮等部分组成。

A. 转子　　　　B. 齿轮

C. 飞轮　　　　D. 电磁开关

21. 硅整流发电机的三相定子绕组是________的。

A. 并联　　　　B. 串联

C. 对称　　　　D. 偏心

22. 硅整流发电机每相绕组的个数及每个线圈的匝数都相等，它们之间互差________角度。

A. 100°　　　　B. 120°

C. 150°　　　　D. 180°

23. 发电机当励磁绕组有电流通过时，转子的两块爪极被磁化，形成了 N 极、S 极相互交错的________磁极。

A. 两对 B. 四对

C. 六对 D. 八对

24. 整流器的作用就是利用二极管的________，通过三相桥式整流电路，将电枢绕组产生的三相交流电转换成直流电。

A. 双向导电性 B. 单向导电性

C. 三向导电性 D. 转换性

25. 发电机组装时，将整流器组件装回后端盖，用________检查散热板与端盖间的绝缘情况。

A. 电压表 B. 电流表

C. 万用表 D. 百分表

26. 发电机组装时，将定子部分套在后端盖上，连接好整流器与定子绕组的接线，连接好发电机________等接线柱。

A. “＋”“N” B. “－”“N”

C. “＋”“S” D. “S”“N”

27. 进行发电机性能测试包括________试验。

A. 空转 B. 满载

C. 全转 D. 空载

28. 将发电机放在龙门架平台上，调整平台高度，使发电机轴线和________在一条直线上。

A. 平台 B. V 型架

C. 调速手轮 D. 调速电机轴线

29. QDY121A 型发电机的工作时间：________。

A. ≤10 s B. ≤20 s

C. ≤30 s D. ≤40 s

30. QDY121A 型发电机的电机总重：________。

A. 1. 8 kg B. 2. 8 kg

C. 3. 8 kg D. 4. 8 kg

31. 汽车空调制冷系统包括________、冷凝器、风扇、储液干燥器、膨胀阀、蒸发器、风机等。

A. 压缩机 B. 涡轮机

C. 压气机 D. 硅整流器

32. 凡由 H、F、C 三种元素组成的制冷剂通称为________类，或不完全氟（代）烃类。

A. CFC　　B. HCFC

C. HFC　　D. HCC

33. 制冷剂________类包括 R11、R12、R13、R113、R114、R115 等。

A. CFC　　B. HCFC

C. HFC　　D. HCC

34. ________对大气臭氧层破坏作用最大。

A. HFC134a　　B. CFC12

C. HCFC　　D. HCC

35. HCFC 类不包括________。

A. R22　　B. R123

C. R133　　D. R23

36. $CFCI_2$ 是氟利昂中的一种，分子式是________。

A. $CFCI_2$　　B. CF_2CI

C. CF_2CI_2　　D. CF_2CI_3

37. 电流表用来指示________的充电电流值，同时还用以监视充电系是否正常工作。

A. 分电器　　B. 蓄电池

C. 发电机　　D. 启动机

38. 汽车常用电流表的结构不包括________。

A. 动铁式　　B. 电磁式

C. 动磁式　　D. 电铁式

39. 电压表用来指示________和蓄电池的端电压。

A. 启动机　　B. 发动机

C. 分电器　　D. 发电机

40. 电热式电压表结构简单，在接通或切断电源时，指针摆动________，要待指针指示稳定后才可读数。

A. 快　　B. 较快

C. 很慢　　D. 较迟缓

41. 机油压力表的作用是在发动机运转时，指示发动机________机油压力。

A. 主油道　　B. 油底壳

C. 机油泵　　D. 限压阀

42. 电热式油压传感器安装时，一定要使外壳上的箭头符号向上，与垂直中心线的夹角不得超过________。

A. 10°　　B. 30°

C. 60°　　D. 90°

43. ________的作用是指示发动机冷却水的温度。

A. 水温表　　B. 水压表

C. 电压表　　D. 电流表

44. 水温表的正常指示值一般为________。

A. 20～45℃　　B. 60～80℃

C. 80～105℃　　D. 110～125℃

45. ________是用来指示油箱内储蓄油量多少的。

A. 机油尺　　B. 燃油表

C. 机油压力表　　D. 车速里程表

46. 燃油表的两个接线柱是上下排列，一般情况下应将下接线柱与________相连，上接线柱与电源线相连。

A. 油箱　　B. 车速里程表

C. 传感器　　D. 机油泵

47. 电热式水温表及燃油表配用可变电阻式传感器时，应在电路中串入________。

A. 电流表　　B. 电压表

C. 仪表稳压器　　D. 机油压力表

48. 电热式仪表稳压器由________、一对常闭触点、电热线圈、座板和外壳等组成。

A. 一片金属片　　B. 双金属片

C. 开触点　　D. 二极线圈

49. 桑塔纳2000型轿车采用的是________车速里程表。

A. 机械式　　B. 磁感应式

C. 电子式　　D. 气动式

50. 发动机转速表用来测量发动机________转速。

A. 凸轮轴　　B. 曲轴

C. 中间轴　　D. 主动轴

51. ________会使充电指示灯忽明忽暗。

A. 充电电流不稳　　B. 充电电流过大

C. 充电电流过小　　D. 充电电流稳定

52. 电压调节器有关线路板松动或搭铁不良会导致________。

A. 充电电流不稳　　B. 充电电流过大

C. 充电电流过小　　D. 充电电流稳定

53. 启动机运转无力的现象是________。

A. 充电指示灯忽明忽暗

B. 电流表指示充电电流忽大忽小

C. 启动机运转缓慢无力，不能带动发动机正常运转

D. 电流表指针摆动大

54. 启动机运转无力的原因是________。

A. 风扇传动带打滑

B. 电压调节器有关线路板松动或搭铁不良

C. 点火顺序不对

D. 电枢绕组或磁场绕组短路

55. 点火正时不正确会导致________。

A. 火花塞不点火　　B. 火花塞间歇性跳火

C. 火花塞无火　　D. 火花塞点火

56. 火花塞间歇性跳火的原因是________。

A. 电枢绕组或磁场绕组短路　　B. 线路短路

C. 蓄电池没电　　D. 点火顺序不对

57. 分火头漏电会导致________。

A. 火花塞间歇性跳火　　B. 高压无火

C. 启动机运转无力　　D. 火花塞点火

58. 打开点火开关，启动发动机，电流表动态正常，但发动机无着火征兆、不能启动是由于________。

A. 高压无火　　B. 低速断火

C. 点火顺序不对　　D. 分电器盖漏电

59. 低速断火的现象是________。

A. 发动机无着火征兆　　B. 高速时发动机振动

C. 怠速时发动机有明显振动现象　　D. 发动机易发动，能维持怠速

60. 低速断火的原因是________。

A. 分电器断电触点间隙过大　　B. 电容器工作正常

C. 火花塞间隙过大　　D. 火花塞间隙过小

61. 传动带松紧度调整不当会导致________。

A. 发电机转速低　　B. 发电机的噪声大

C. 发电机运转中发出连续或断续的噪声　　D. 发电机不转

62. 发电机异响的原因是________。

A. 转子与定子之间碰擦　　B. 电容器工作不良

C. 火花塞间隙过小　　D. 分火头漏电

63. 启动机不能与飞轮结合的故障主要在启动机的操纵和________部分。

A. 控制　　B. 执行

C. 感应　　D. 飞轮

64. 对于电磁控制式启动机，启动机不能与飞轮结合的故障，检查主回路________的行程是否过小。

A. 电路　　B. 油路

C. 接触盘　　D. 接触螺钉

65. 电磁开关中固定铁心孔表面粗糙度值高，加之推杆弯曲变形，推杆在运动时阻滞出现卡紧现象会出现________的故障。

A. 启动机不能与飞轮结合

B. 启动机旋转

C. 飞轮无法旋转

D. 启动机齿轮与飞轮齿圈无法分离的故障

66. 喇叭电源线路短路会出现________。

A. 喇叭声响变大　　B. 喇叭声响间歇

C. 喇叭不响　　D. 喇叭声响不正常

67. 按下喇叭按钮时，喇叭不响可能的原因是________。

A. 蓄电池存电不充足　　B. 扬声筒固定螺钉松动

C. 蓄电池亏电　　D. 喇叭衔铁气隙过大

68. 喇叭触点修磨会产生________。

A. 喇叭音响不正常　　B. 喇叭不响

C. 喇叭声响变大　　D. 喇叭长鸣

69. 装有灭弧电阻的喇叭，电阻值增大或断路会产生________。

A. 喇叭不响　　B. 喇叭声响变大

C. 喇叭音响不正常　　D. 喇叭长鸣

70. 空调压缩机不运转的现象是________。

A. 制冷压缩机转动　　B. 出风口只出风而无冷气

C. 进风口不进气　　D. 制冷压缩机制冷

三、多项选择题（下列每题中的多个选项中，至少有2个是正确的，请将正确答案的代号填在横线空白处）

1. 汽车二级维护前电气设备的检测诊断项目包括检查________。
A. 点火提前角　B. 分电器重叠角
C. 点火电压　D. 蓄电池充电电压及电流

2. 汽车二级维护前电气设备的检测蓄电池充电电压及电流为________。
A. 10～25 A　B. 13.8～14.2 V
C. 20～45 A　D. 15.8～16.2 V

3. 汽车电气设备二级维护竣工检测项目包括________。
A. 密封继电器　B. 后视镜
C. 刮水器　D. 启动机

4. 汽车电气设备二级维护竣工检测密封继电器要求________。
A. 全车无油、水、气泄漏　B. 全车允许油、水、气泄漏
C. 密封良好　D. 绝缘良好

5. 分电器重叠角超过技术要求是由于以下________故障引起。
A. 无触点电子点火系统信号发生器气隙失准　B. 分电器轴及凸轮磨损松旷
C. 点火系元件工作性能变差　D. 分电器调整不当

6. 汽车电气设备二级维护附加作业项目的确定依据为________。
A. 点火提前角失准　B. 点火波形失常
C. 点火线圈过时　D. 分电器重叠角超过技术要求

7. 蓄电池的维护工作包括________。
A. 紧固蓄电池安装架
B. 检查蓄电池在车上安装是否牢靠
C. 观察蓄电池外壳表面有无电解液漏出
D. 清除蓄电池接线柱和导线接线头的氧化物

8. 普通蓄电池存电量检查常用两种方法________。
A. 用放电计测量电压
B. 高率放电计测试蓄电池电压
C. 高率充电计测试蓄电池电压
D. 用单格电池式高率放电计测量单格电压

9. 蓄电池充电时的注意事项________。
A. 停止充电时不用切断充电机交流电源

B. 充电时打开液盖，保持充电场所通风良好

C. 初充电工作应连续进行，不可长时间中断

D. 严格遵守充电方法中的充电规范

10. 蓄电池的技术状况有________。

A. 一般硫化　　B. 严重硫化

C. 一般短路　　D. 严重短路

11. 启动机按控制机构不同可分为________。

A. 惯性啮合式启动机　　B. 电枢移动式启动机

C. 电磁操纵式启动机　　D. 机械操纵式启动机

12. 启动机按传动机构可分为________。

A. 惯性啮合式启动机　　B. 电枢移动式启动机

C. 强制啮合式启动机　　D. 电磁操纵式启动机

13. 启动机由________三部分组成。

A. 直流串励式电动机　　B. 传动机构

C. 控制机构　　D. 执行机构

14. 下列________是启动机的组成。

A. 直流串励式电动机　　B. 直流串励式启动机

C. 执行机构　　D. 传动机构

15. 启动机的工作原理包括________。

A. 带启动继电器的起动系工作过程　　B. 带启动继电器的制动系工作过程

C. 无启动继电器的制动系工作过程　　D. 无启动继电器的启动系工作过程

16. 启动机的额定值主要有两个参数________。

A. 额定功率　　B. 额定电压

C. 额定电流　　D. 额定电阻

17. 启动机的空转试验主要有三个参数________。

A. 空转电压　　B. 空转最大电流

C. 空转速度　　D. 空转功率

18. 启动机的全制动试验主要有三个参数________。

A. 全制动功率　　B. 全制动试验电压

C. 全制动电流　　D. 全制动转矩

19. 启动机性能测试的项目包括________。

A. 怠速试验　　B. 空转试验

C. 全制动试验　　D. 暖机试验

20. 装复后的启动机整机能在________上进行性能测试。

A. 实验台　　B. 土地上

C. 操作平台　　D. 课桌上

21. 硅整流发电机主要由________风扇及带轮、电刷及电刷架等 6 个部分组成。

A. 转子　　B. 整流器

C. 前后端盖　　D. 定子

22. 硅整流发电机主要由转子、整流器、前后端盖、________等 6 个部分组成。

A. 风扇　　B. 带轮

C. 电刷　　D. 电刷架

23. 三相定子绕组所产生的感生电动势是________的三相对称正弦交流电动势。

A. 频率相同　　B. 最大值相同

C. 相位相差 120°　　D. 振幅相同

24. 硅整流发电机每相绕组产生的交流电动势的有效值与________成正比。

A. 发电机的转速　　B. 发电机的发电量

C. 磁通的乘积　　D. 磁通量

25. 下列各零部件的安装顺序是________。

A. 整流器组件　　B. 后端盖

C. 前端盖　　D. 防护罩

26. 通过________两个试验进行发电机性能测试。

A. 满载　　B. 空载

C. 全载　　D. 负载

27. 双级触点式调节器的调节电压分为两级，分别对应________。

A. 较低转速　　B. 高转速

C. 怠速　　D. 中等转速

28. QDY121A 型发电机的额定输出________。

A. 12 V　　B. 15 V

C. 1.1 kW　　D. 1.5 kW

29. QDY121A 型发电机的输出特性包括________。

A. 负载电源：≤70 A，≥3 000 r/min　　B. 负载电源：≤430 A，≥850 r/min

C. 负载电源：≤280 A，≥1 650 r/min　　D. 空载

30. 制冷系统的组成包括________、储液干燥器、膨胀阀、蒸发器、风机等。

A. 压缩机　　B. 冷凝器

C. 风扇　　D. 散热器

31. 制冷系统的组成包括压缩机、冷凝器、风扇、________、风机等。

A. 散热器　　B. 蒸发器

C. 膨胀阀　　D. 储液干燥器

32. 制冷剂的 CFC 类包括________等。

A. R11　　B. R12

C. R113　　D. R114

33. 制冷剂的 HFC 类包括________等。

A. R23　　B. R32

C. R41　　D. R114

34. 凡由 H、Cl、F、C 四种元素组成的制冷剂通称为________。

A. HCFC 类　　B. 不完全氯氟（代）烃类

C. 不完全氟（代）烃类　　D. 氯氟（代）烃类

35. HCFC 类包括________等。

A. R41　　B. R22

C. R123　　D. R133

36. 氟利昂是________。

A. 氟氯溴原子取代饱和碳氢化合物中的氢原子所得的化合物

B. CF12

C. 饱和碳氢化合物的氟氯溴衍生物的总称

D. HCFC

37. CFC12 是氟利昂中的一种，常用________简化表示。

A. CF－12　　B. R－12

C. C－12　　D. F－12

38. CFC12 具有________的性质。

A. 与冷冻机油可以完全互溶　　B. 不易燃烧

C. 对金属无腐蚀　　D. 大气臭氧层破坏作用最大

39. 汽车常用电流表的结构可分为________。

A. 动铁式　　B. 电铁式

C. 动磁式　　D. 电动式

40. 电流表用来________。

A. 指示蓄电池的充电电流值　　B. 指示分电器的电流值

C. 监视发动机是否正常工作　　D. 监视充电系是否正常工作

41. 电流表使用时应注意________。

A. 不同型号的发电机应配用不同量程的电流表

B. 电流表只允许通过较小电流

C. 电流表应串联在蓄电池和发电机之间

D. 电流表只允许通过较大电流

42. 用电设备________的电流均不通过电流表。

A. 启动机　　B. 导线

C. 发电机　　D. 电喇叭

43. 电压表在结构上有________两种。

A. 电阻式　　B. 磁热式

C. 电热式　　D. 电子式

44. 常用油压表结构有________两种。

A. 电阻式　　B. 磁热式

C. 电热式　　D. 电磁式

45. 机油压力表使用时应注意________。

A. 油压表必须与传感器配套使用

B. 油压表安装时必须注意接线柱的绝缘应良好

C. 电热式油压传感器安装时，一定要使外壳上的箭头符号向上，与垂直中心线的夹角不得超过 30°

D. 油压表拆卸时不要敲打或碰撞

46. 水温指示表有________两类。

A. 电热式　　B. 电磁式

C. 动铁式　　D. 动磁式

47. 水温表的正常指示值一般为________。

A. 50～75℃　　B. 80～90℃

C. 90～105℃　　D. 110～125℃

48. 燃油指示表有________两种。

A. 电阻式　　B. 磁热式

C. 电热式　　D. 电磁式

49. 仪表稳压器常见的有________两类。

A. 电阻式　　B. 磁热式
C. 电热式　　D. 电子式

50. 电热式仪表稳压器由________等组成。
A. 双金属片　　B. 一对常闭触点
C. 电热线圈　　D. 座板和外壳

51. 车速里程表按其工作原理可分为________两种。
A. 电阻式　　B. 磁热式
C. 电子式　　D. 磁感应式

52. 转速表按其结构不同可分为________两种。
A. 机械式　　B. 磁热式
C. 电子式　　D. 磁感应式

53. 充电电流不稳的现象有________。
A. 充电指示灯忽明忽暗　　B. 电流表指示充电电流忽大忽小
C. 电流表指示充电时充时放　　D. 电流表指针摆动大

54. 充电电流不稳的原因有________。
A. 风扇传动带打滑
B. 充电系统连接导线接触不良或插接件松动
C. 电枢绕组或磁场绕组短路
D. 电压调节器有关线路板松动或搭铁不良

55. 启动机运转无力的现象________。
A. 启动机运转缓慢无力
B. 接通启动开关启动机只是“咔嗒”一声响，而不转动
C. 不能带动发动机正常运转
D. 充电指示灯忽明忽暗

56. 启动机运转无力的原因有________。
A. 蓄电池亏电太多　　B. 启动电路接头松动
C. 启动电路接头接触不良　　D. 电枢绕组或磁场绕组短路

57. 火花塞间歇性跳火的原因有________。
A. 点火正时不正确　　B. 点火顺序不对
C. 分电器盖漏电　　D. 点火系统电压不足

58. 高压无火的现象________。
A. 发动机无着火征兆　　B. 发动机不能启动

C. 电流表动态正常　　D. 怠速不能维持

59. 高压无火的原因________。

A. 火花塞工作不良　　B. 分火头漏电

C. 分电器盖漏电或中心碳极脱落　　D. 点火线圈次级线圈断路或短路

60. 低速断火的现象________。

A. 发动机不易发动　　B. 怠速不能维持

C. 怠速时发动机有明显振动现象　　D. 发动机易发动

61. 低速断火的原因是________。

A. 分电器断电触点间隙过小　　B. 分电器断电触点间隙过大

C. 电容器工作不良　　D. 火花塞间隙过小

62. 发电机异响的原因有________。

A. 转子与定子之间碰擦　　B. 发电机轴承润滑不良、损坏

C. 发电机风扇或传动带盘与壳体碰撞　　D. 传动带松紧度调整不当

63. 启动机不能与飞轮结合的故障主要在启动机的________部分。

A. 感应　　B. 执行

C. 操纵　　D. 控制

64. 按下喇叭按钮，喇叭不响的原因有________。

A. 继电器触点烧蚀或气隙过大，弹簧过紧　B. 喇叭衔铁气隙过大

C. 喇叭线圈烧坏或有脱焊之处　　D. 喇叭电源线路短路

65. 喇叭声响不正常的现象有________。

A. 音响沙哑　　B. 不响

C. 音响刺耳　　D. 音响发闷

66. 装有灭弧电阻的喇叭，喇叭触点经常烧坏的原因有________。

A. 电阻值增大　　B. 电路断路

C. 电容断路　　D. 电容量过大或过小

67. 行车中，喇叭突然响声不停的原因有________。

A. 喇叭按钮回位弹簧过弱　　B. 喇叭按钮回位弹簧折断

C. 继电器触点烧结　　D. 弹簧片弹力过弱

68. 空调压缩机不运转的现象有________。

A. 制冷压缩机不转动　　B. 制冷压缩机转动

C. 出风口只出风而无冷气　　D. 进风口不进风

69. 空调压缩机不运转的原因可能是________。

A. 空调熔断丝熔断　　B. 电磁离合器线圈烧断
C. 空调电路断路　　D. 电源线路接触不良

70. 当按下喇叭按钮时，喇叭声响不正常的原因有________。
A. 喇叭衔铁气隙过大　　B. 蓄电池亏电
C. 喇叭电源线路短路　　D. 蓄电池存电不充足

参考答案

一、判断题

1. × 2. √ 3. √ 4. √ 5. × 6. × 7. × 8. √ 9. × 10. √ 11. × 12. ×
13. × 14. √ 15. √ 16. √ 17. × 18. √ 19. × 20. √ 21. × 22. √ 23. √
24. × 25. √ 26. × 27. √ 28. × 29. √ 30. × 31. √ 32. √ 33. × 34. √
35. × 36. × 37. √ 38. √ 39. × 40. × 41. × 42. √ 43. × 44. × 45. √
46. × 47. √ 48. √ 49. × 50. × 51. √ 52. × 53. √ 54. × 55. √ 56. √
57. × 58. √ 59. × 60. √ 61. √ 62. × 63. √ 64. √ 65. × 66. × 67. √
68. × 69. × 70. √

二、单项选择题

1. C 2. B 3. A 4. A 5. B 6. D 7. B 8. C 9. C 10. A 11. D 12. D 13. A
14. B 15. A 16. C 17. C 18. B 19. B 20. A 21. C 22. B 23. C 24. B 25. C
26. A 27. D 28. D 29. C 30. B 31. A 32. C 33. A 34. B 35. D 36. C 37. B
38. D 39. D 40. D 41. A 42. B 43. A 44. C 45. B 46. C 47. C 48. B 49. C
50. B 51. A 52. A 53. C 54. D 55. B 56. D 57. B 58. A 59. C 60. D 61. C
62. A 63. A 64. C 65. D 66. C 67. D 68. A 69. C 70. B

三、多项选择题

1. ABCD 2. AB 3. ABC 4. ACD 5. ABCD 6. ABD 7. ABCD 8. BD 9. BCD
10. ABCD 11. CD 12. ABC 13. ABC 14. AD 15. AD 16. AB 17. ABC 18. BCD
19. BC 20. AC 21. ABCD 22. ABCD 23. ABC 24. AC 25. ACBD 26. BD 27. AB
28. AC 29. ABC 30. ABC 31. BCD 32. ABCD 33. ABC 34. AB 35. BCD 36. AC
37. BD 38. ABCD 39. AC 40. AD 41. ABC 42. AD 43. CD 44. CD 45. ABCD
46. AB 47. BC 48. CD 49. CD 50. ABCD 51. CD 52. AC 53. ABCD 54. ABD
55. ABC 56. ABCD 57. ABCD 58. ABC 59. ABCD 60. ABC 61. ACD 62. ABCD
63. CD 64. ABCD 65. ACD 66. ABCD 67. ABCD 68. AC 69. ABCD 70. BD

第二部分　中级操作技能鉴定指导

第一章　发动机维修作业

考 核 要 点

操作技能考核范围	考核要点	重要程度
发动机维护	二级维护前发动机的检测	掌握
	发动机二级维护附加作业	熟悉
发动机修理	汽缸盖与配气机构的检修	掌握
	汽缸体与曲柄连杆机构的检修	掌握
	燃油与进气系统的检修	熟悉
	冷却润滑系统的检修	掌握
	点火系统的维修	掌握
发动机故障诊断与排除	启动困难故障诊断	熟悉
	怠速不稳故障诊断	掌握
	功率不足故障诊断	掌握
	异响故障诊断	掌握

辅导练习题

【题目 1】二级维护前发动机的检测

1. 考核要求

（1）要求能够进行发动机点火提前角的检测。

（2）汽缸压缩压力检测。

（3）燃油供给系的燃油压力检测。

（4）发动机机油压力和机油品质的检测。

（5）发动机怠速工况烟度检测。

2. 准备工作

实验车一辆、正时灯、汽缸压力表、油压表、可熔跨接片、滤纸式烟度计、喷灯、锤子、连接线及专用工具。

3. 考核时间

完成题操作基本时间为60 min；每超过1 min从本题总分中扣除1%，操作超过10 min本题为零分。

4. 评分项目及标准

评分项目	评分要点	配分	评分标准及扣分
1. 检测前的准备	操作人员穿着	0.5	没穿工作服，扣0.5分
	工具、仪器的选用	0.5	选用工具、仪器不当或漏选，每次扣0.1分
	仪器检测前的准备工作	1	操作每失误一次，扣0.5分，扣完为止
2. 检测	工具的使用	1	每错误使用工具一次，扣0.2分
	仪器的使用	1	仪器操作每失误一次，扣0.2分，扣完为止
	检测步骤	20	顺序错误，每处扣0.5分；操作失误，酌情扣分，扣完为止
3. 检测结束	清洁、恢复工具及检测设备	2	没清洁处，每处扣0.5分；没恢复原状态的扣1分，扣完为止
4. 检测结果分析	对于检测的结果进行分析	4	能根据检测结果进行正确分析，否则每错一处扣2分，扣完为止
合　计		30	

【题目2】发动机二级维护附加作业

1. 考核要求

（1）气门座圈的修配。

（2）曲轴轴向间隙的检查与调整。

2. 准备工作

实验汽缸盖、发动机、塞尺、锤子、遮光板、灯泡、连接线及专用工具。

3. 考核时间

完成题操作基本时间为 60 min；每超过 1 min 从本题总分中扣除 1%，操作超过 10 min 本题为零分。

4. 评分项目及标准

评分项目	评分要点	配分	评分标准及扣分
1. 检测前的准备	操作人员穿着	0.5	没穿工作服，扣 0.5 分
	工具、仪器的选用	0.5	选用工具、仪器不当或漏选，每次扣 0.1 分
2. 检测	工具的使用	1	每错误使用工具一次，扣 0.2 分
	仪器的使用	2	仪器操作每失误一次，扣 0.5 分，扣完为止
	气门座圈的修配	15	顺序错误，每处扣 5 分；操作失误，酌情扣分，扣完为止
	曲轴轴向间隙的检查与调整	15	顺序错误，每处扣 5 分；操作失误，酌情扣分，扣完为止
3. 检测结束	清洁、恢复工具及检测设备	2	没清洁处，每处扣 0.5 分；没恢复原状态的，每件扣 0.4 分，扣完为止
4. 检测结果分析	对于检测的结果进行分析	4	能根据检测结果进行正确分析，否则每错一处扣 1 分，扣完为止
合　计		40	

【题目 3】汽缸盖与配气机构的检修

1. 考核要求

（1）能够检修与更换气门及气门座圈。

（2）能够对凸轮磨损进行检测。

（3）更换、清洗汽缸盖。

2. 准备工作

汽缸盖、配气机构、气门光磨机、气门研磨机、汽缸压力表、磁力表座及百分表、游标卡尺、直角尺、专用工具。

3. 考核时间

完成题操作基本时间为 30 min；每超过 1 min 从本题总分中扣除 1%，操作超过 10 min 本题为零分。

4. 评分项目及标准

评分项目	评分要点	配分	评分标准及扣分
1. 检测前的准备	操作人员穿着	0.5	没穿工作服，扣 0.5 分
	工具、仪表的选用	0.5	选用工具、仪器不当或漏选，每次扣 0.1 分
	仪器检测前的准备工作	1	操作每失误、缺少一项扣 0.2 分，扣完为止
2. 检测	工具的使用	1	每错误使用工具一次，扣 0.2 分
	仪表的使用	1	仪表的连接及数据读取每失误一次，扣 0.2 分，扣完为止
	检修与更换气门及气门座圈	15	操作顺序错误，每处扣 2 分；操作失误，酌情扣分，扣完为止
	检测凸轮磨损	5	操作顺序错误，每处扣 1 分；操作失误，酌情扣分，扣完为止
	更换、清洗汽缸盖	20	操作顺序错误，每处扣 2 分；操作失误，酌情扣分，扣完为止
3. 检测后	清洁、恢复工具及检测设备	2	没清洁处，每处扣 0.5 分；没恢复原状态的，每件扣 0.5 分
4. 检测结果分析	对于检测的结果进行分析	4	能根据检测结果进行正确分析，否则每错一处扣 0.5 分
合　计		50	

【题目 4】汽缸体与曲柄连杆机构的检修

1. 考核要求

（1）能检查汽缸体。

（2）能够检测并确定汽缸磨损的修理尺寸。

（3）能够检测与校正连杆弯曲、扭曲变形。

（4）检测与选配活塞、活塞环。

（5）检查与组装曲轴飞轮组。

2. 准备工作

汽缸体与曲柄连杆机构、量缸表、连杆检验器、磁力表座及百分表、外径千分尺、游标卡尺、直角尺、专用工具。

3. 考核时间

完成题操作基本时间为 35 min；每超过 1 min 从本题总分中扣除 1%，操作超过 10 min 本题为零分。

4. 评分项目及标准

评分项目	评分要点	配分	评分标准及扣分
1. 检测前的准备	操作人员穿着	0.5	没穿工作服，扣 0.5 分
	工具、仪表的选用	0.5	选用工具、仪器不当或漏选，每次扣 0.1 分
2. 检测	工具的使用	1	每错误使用工具一次，扣 0.2 分
	仪表的使用	1	仪表的连接及数据读取每失误一次，扣 0.2 分，扣完为止
	检测并确定汽缸磨损	15	操作顺序错误，每处扣 2 分；操作失误，酌情扣分，扣完为止
	检测与校正连杆弯曲、扭曲变形	10	操作顺序错误，每处扣 0.5 分；操作失误，酌情扣分，扣完为止
	检测与选配活塞、活塞环	10	操作顺序错误，每处扣 2 分；操作失误，酌情扣分，扣完为止
	检查与组装曲轴飞轮组	16	操作顺序错误，每处扣 0.5 分；操作失误，酌情扣分，扣完为止
3. 检测后	清洁、恢复工具及检测设备	2	没清洁处，每处扣 0.2 分；没恢复原状态的，每件扣 0.2 分，扣完为止
4. 检测结果分析	对于检测的结果进行分析	4	能根据检测结果进行正确分析，否则每错一处扣 0.5 分，扣完为止
合　计		60	

【题目 5】燃油与进气系统的检修

1. 考核要求

（1）检测与更换电动燃油泵。

（2）检测与更换进气温度传感器、冷却液温度传感器、节气门位置传感器。

（3）检测与更换废气再循环阀。

2. 准备工作

电动燃油泵、进气温度传感器、冷却液温度传感器、节气门位置传感器、万用表、温度计、废气再循环阀、专用工具。

3. 考核时间

完成题操作基本时间为 60 min；每超过 1 min 从本题总分中扣除 1%，操作超过 10 min 本题为零分。

4. 评分项目及标准

评分项目	评分要点	配分	评分标准及扣分
1. 检测前的准备	操作人员穿着	0.5	没穿工作服，扣 0.5 分
	工具、仪表的选用	0.5	选用工具、仪器不当或漏选，每次扣 0.1 分
	仪器检测前的准备工作	1	操作每失误、缺少一项扣 0.2 分，扣完为止
2. 检测	工具的使用	2	每错误使用工具一次，扣 0.2 分
	仪表的使用	4	仪表的连接及数据读取每失误一次，扣 0.5 分，扣完为止
	检测与更换电动燃油泵	10	操作顺序错误，每处扣 2 分；操作失误，酌情扣分，扣完为止
	检测与更换进气温度、冷却液温度传感器	15	操作顺序错误，每处扣 1 分；操作失误，酌情扣分，扣完为止
	节气门位置传感器	5	操作顺序错误，每处扣 1 分；操作失误，酌情扣分，扣完为止
	检测与更换废气再循环阀	5	操作顺序错误，每处扣 0.5 分；操作失误，酌情扣分，扣完为止

续表

评分项目	评分要点	配分	评分标准及扣分
3. 检测后	清洁、恢复工具及检测设备	2	没清洁的每处扣 0.2 分，没恢复原状态的，每件扣 0.5 分
4. 检测结果分析	对于检测的结果进行分析	5	能根据检测结果进行正确分析，否则每错一处扣 0.5 分
合　计		50	

【题目 6】冷却润滑系统的检修

1. 考核要求

（1）能检查节温器。

（2）能够检测水泵、机油泵。

（3）能够检测机油压力及调节阀。

2. 准备工作

水泵、节温器、机油泵、机油压力调节阀、温度计、钢直尺、专用工具。

3. 考核时间

完成题操作基本时间为 30 min；每超过 1 min 从本题总分中扣除 1%，操作超过 10 min 本题为零分。

4. 评分项目及标准

评分项目	评分要点	配分	评分标准及扣分
1. 检测前的准备	操作人员穿着	0.5	没穿工作服，扣 0.5 分
	工具、仪表的选用	0.5	选用工具、仪器不当或漏选，每次扣 0.1 分
	仪器检测前的准备工作	2	操作每失误、缺少一项扣 0.2 分，扣完为止
2. 检测	工具的使用	2	每错误使用工具一次，扣 0.2 分
	仪表的使用	4	仪表的连接及数据读取每失误一次，扣 0.5 分，扣完为止
	检测步骤	30	操作顺序错误，每处扣 4 分；操作失误，酌情扣分，扣完为止

续表

评分项目	评分要点	配分	评分标准及扣分
3. 检测后	清洁、恢复工具及检测设备	2	没清洁处，每处扣0.2分；没恢复原状态的，每件扣0.5分
4. 检测结果分析	对于检测的结果进行分析	4	能根据检测结果进行正确分析，否则每错一处扣0.5分
合　计		45	

【题目7】点火系统的维修

1. 考核要求

（1）能准确对分电器进行检测。

（2）能够检测点火线圈。

（3）能够检测火花塞。

2. 准备工作

分电器、点火线圈、火花塞、塞尺、量规、连接线、万用表、专用工具。

3. 考核时间

完成题操作基本时间为30 min；每超过1 min从本题总分中扣除1%，操作超过10 min本题为零分。

4. 评分项目及标准

评分项目	评分要点	配分	评分标准及扣分
1. 检测前的准备	操作人员穿着	0.5	没穿工作服，扣0.5分
	工具、仪表的选用	0.5	选用工具、仪器不当或漏选，每次扣0.5分
	仪器检测前的准备工作	1	操作每失误、缺少一项扣0.2分，扣完为止
2. 检测	工具的使用	1	每错误使用工具一次，扣0.2分
	仪表的使用	2	仪表的连接及数据读取每失误一次，扣0.2分，扣完为止
	检测步骤	24	操作顺序错误，每处扣2分；操作失误，酌情扣分，扣完为止

续表

评分项目	评分要点	配分	评分标准及扣分
3. 检测后	清洁、恢复工具及检测设备	2	没清洁处，每处扣 0.2 分；没恢复原状态的，每件扣 0.5 分
4. 检测结果分析	对于检测的结果进行分析	4	能根据检测结果进行正确分析，否则每错一处扣 1 分
合　　计		35	

【题目 8】启动困难故障诊断

1. 考核要求

（1）能准确检查油路。

（2）能准确检查电路。

2. 准备工作

实验车、连接线、专用工具。

3. 考核时间

完成题操作基本时间为 25 min；每超过 1 min 从本题总分中扣除 1%，操作超过 10 min 本题为零分。

4. 评分项目及标准

评分项目	评分要点	配分	评分标准及扣分
1. 检测前的准备	操作人员穿着	0.5	没穿工作服，扣 0.5 分
	工具、仪表的选用	0.5	选用工具、仪器不当或漏选，每次扣 0.1 分
	仪器检测前的准备工作	1	操作每失误、缺少一项扣 0.2 分，扣完为止
2. 检测	工具的使用	1	每错误使用工具一次，扣 0.2 分
	仪表的使用	2	仪表的连接及数据读取每失误一次，扣 0.2 分，扣完为止
	检测油路	14	操作顺序错误，每处扣 2 分；操作失误，酌情扣分，扣完为止
	检测电路	15	操作顺序错误，每处扣 2 分；操作失误，酌情扣分，扣完为止

续表

评分项目	评分要点	配分	评分标准及扣分
3. 检测后	清洁、恢复工具及检测设备	2	没清洁处，每处扣 0.5 分；没恢复原状态的，每件扣 0.5 分
4. 检测结果分析	对于检测的结果进行分析	4	能根据检测结果进行正确分析，否则每错一处扣 1 分
合　计		40	

【题目 9】怠速不稳故障诊断

1. 考核要求

能够诊断、排除怠速不稳故障。

2. 准备工作

实验车辆、连接线、专用工具。

3. 考核时间

完成题操作基本时间为 30 min；每超过 1 min 从本题总分中扣除 1%，操作超过 10 min 本题为零分。

4. 评分项目及标准

评分项目	评分要点	配分	评分标准及扣分
1. 检测前的准备	操作人员穿着	0.5	没穿工作服，扣 0.5 分
	工具、仪表的选用	0.5	选用工具、仪器不当或漏选，每次扣 0.1 分
	仪器检测前的准备工作	1	操作每失误、缺少一项扣 0.2 分，扣完为止
2. 检测	工具的使用	1	每错误使用工具一次，扣 0.2 分
	仪表的使用	2	仪表的连接及数据读取每失误一次，扣 0.2 分，扣完为止
	故障检测步骤	20	操作顺序错误，每处扣 2 分；操作失误，酌情扣分，扣完为止
3. 检测后	清洁、恢复工具及检测设备	2	没清洁处，每处扣 0.2 分；没恢复原状态的，每件扣 0.5 分

续表

评分项目	评分要点	配分	评分标准及扣分
4. 检测结果分析	对于检测的结果进行分析	3	能根据检测结果进行正确分析，否则每错一处扣 1 分
合　　计		30	

【题目 10】功率不足故障诊断

1. 考核要求

能够诊断、排除功率不足故障。

2. 准备工作

实验车辆、连接线、专用工具。

3. 考核时间

完成题操作基本时间为 20 min；每超过 1 min 从本题总分中扣除 1%，操作超过 10 min 本题为零分。

4. 评分项目及标准

评分项目	评分要点	配分	评分标准及扣分
1. 检测前的准备	操作人员穿着	0.5	没穿工作服，扣 0.5 分
	工具、仪表的选用	0.5	选用工具、仪器不当或漏选，每次扣 0.1 分
	仪器检测前的准备工作	1	操作每失误、缺少一项扣 0.2 分，扣完为止
2. 检测	工具的使用	1	每错误使用工具一次，扣 0.2 分
	仪表的使用	2	仪表的连接及数据读取每失误一次，扣 0.2 分，扣完为止
	故障检测步骤	15	操作顺序错误，每处扣 2 分；操作失误，酌情扣分，扣完为止
3. 检测后	清洁、恢复工具及检测设备	2	没清洁处，每处扣 0.2 分；没恢复原状态的，每件扣 0.5 分
4. 检测结果分析	对于检测的结果进行分析	3	能根据检测结果进行正确分析，否则每错一处扣 0.5 分
合　　计		25	

【题目 11】异响故障诊断

1. 考核要求

能够诊断、排除发动机异响故障。

2. 准备工作

实验车辆、听诊杆、连接线、专用工具。

3. 考核时间

完成题操作基本时间为 10 min；每超过 1 min 从本题总分中扣除 1%，操作超过 5 min 本题为零分。

4. 评分项目及标准

评分项目	评分要点	配分	评分标准及扣分
1. 检测前的准备	操作人员穿着	0.5	没穿工作服，扣 0.5 分
	工具、仪表的选用	0.5	选用工具、仪器不当或漏选，每次扣 0.5 分
	仪器检测前的准备工作	1	操作每失误、缺少一项扣 0.2 分，扣完为止
2. 检测	工具的使用	1	每错误使用工具一次，扣 0.2 分
	仪表的使用	2	仪表的连接及数据读取每失误一次，扣 0.2 分，扣完为止
	故障诊断步骤	15	操作顺序错误，每处扣 0.5 分；操作失误，酌情扣分，扣完为止
3. 检测后	清洁、恢复工具及检测设备	2	没清洁处，每处扣 0.2 分；没恢复原状态的，每件扣 0.5 分
4. 检测结果分析	对于检测的结果进行分析	3	能根据检测结果进行正确分析，否则每错一处扣 0.5 分
合　计		25	

第二章　底盘维修作业

考 核 要 点

操作技能考核范围	考核要点	重要程度
汽车底盘维护	二级维护前底盘的检测	熟悉
	底盘二级维护附加作业	掌握
汽车底盘修理	离合器的检修	熟悉
	手动变速器的检修	掌握
	车轮定位的检查与调整	掌握
	制动器与传动装置的维修	掌握
汽车底盘故障诊断与排除	离合器、变速器、驱动桥异响故障的诊断	熟悉
	诊断与排除转向沉重故障	掌握
	由制动器引起的制动拖滞故障的诊断与排除方法	掌握
	由前轮定位引起的车轮摆振、轮胎异常磨损故障的排除	掌握

辅导练习题

【题目 1】二级维护前底盘的检测

1. 考核要求

（1）能够检测前轮前束、车轮外倾、主销内倾和主销后倾角。

（2）能检查与调整前轮转向角。

（3）能检测转向轮侧滑量。

（4）能检测车轮的平衡度和轮胎磨损状况。

2. 准备工作

实验车、四轮定位仪、侧滑试验台、动平衡检测仪、专用工具。

3. 考核时间

完成题操作基本时间为40 min；每超过1 min从本题总分中扣除1%，操作超过15 min本题为零分。

4. 评分项目及标准

评分项目	评分要点	配分	评分标准及扣分
1. 检测前的准备	操作人员穿着	0.5	没穿工作服，扣0.5分
	工具、仪表的选用	0.5	选用工具、仪器不当或漏选，每次扣0.1分
	仪器检测前的准备工作	1	操作每失误、缺少一项扣0.2分，扣完为止
2. 检测	工具的使用	2	每错误使用工具一次，扣0.2分
	仪表的使用	2	仪表的连接及数据读取每失误一次，扣0.2分，扣完为止
	检测步骤	20	操作顺序错误，每处扣2分；操作失误，酌情扣分，扣完为止
3. 检测后	清洁、恢复工具及检测设备	2	没清洁处，每处扣0.2分；没恢复原状态的，每件扣0.5分
4. 检测结果分析	对于检测的结果进行分析	2	能根据检测结果进行正确分析，否则每错一处扣0.5分
合　计		30	

【题目2】底盘二级维护附加作业

1. 考核要求

（1）能更换手动变速器同步器。

（2）能对变速器盖进行拆装、检查。

2. 准备工作

手动变速器、旋具、塞尺、铜棒、专用工具。

3. 考核时间

完成题操作基本时间为 40 min；每超过 1 min 从本题总分中扣除 1%，操作超过 10 min 本题为零分。

4. 评分项目及标准

评分项目	评分要点	配分	评分标准及扣分
1. 检测前的准备	操作人员穿着	0.5	没穿工作服，扣 0.5 分
	工具、仪表的选用	0.5	选用工具、仪器不当或漏选，每次扣 0.1 分
	仪器检测前的准备工作	2	操作每失误、缺少一项扣 0.2 分，扣完为止
2. 检测	工具的使用	2	每错误使用工具一次，扣 0.2 分
	仪表的使用	4	仪表的连接及数据读取每失误一次，扣 0.2 分，扣完为止
	检测步骤	30	操作顺序错误，每处扣 2 分；操作失误，酌情扣分，扣完为止
3. 检测后	清洁、恢复工具及检测设备	2	没清洁处，每处扣 0.2 分；没恢复原状态的，每件扣 0.5 分
4. 检测结果分析	对于检测的结果进行分析	4	能根据检测结果进行正确分析，否则每错一处扣 1 分
合　计		45	

【题目 3】离合器的检修

1. 考核要求

能对离合器进行检修。

2. 准备工作

离合器、游标卡尺、平面钢尺、百分表、专用工具。

3. 考核时间

完成题操作基本时间为 15 min；每超过 1 min 从本题总分中扣除 1%，操作超过 5 min 本题为零分。

4. 评分项目及标准

评分项目	评分要点	配分	评分标准及扣分
1. 检测前的准备	操作人员穿着	0.5	没穿工作服，扣 0.5 分
	工具、仪表的选用	0.5	选用工具、仪器不当或漏选，每次扣 0.1 分
	仪器检测前的准备工作	1	操作每失误、缺少一项扣 0.2 分，扣完为止
2. 检修	工具的使用	1	每错误使用工具一次，扣 0.2 分
	仪表的使用	2	仪表的连接及数据读取每失误一次，扣 0.2 分，扣完为止
	检修步骤	10	操作顺序错误，每处扣 0.5 分；操作失误，酌情扣分，扣完为止
3. 检测后	清洁、恢复工具及检测设备	2	没清洁处，每处扣 0.2 分；没恢复原状态的，每件扣 0.5 分
4. 检测结果分析	对于检测的结果进行分析	3	能根据检测结果进行正确分析，否则每错一处扣 0.5 分
合　计		20	

【题目 4】手动变速器的检修

1. 考核要求

能对手动变速器进行检修。

2. 准备工作

手动变速器、百分表、专用工具。

3. 考核时间

完成题操作基本时间为 50 min；每超过 1 min 从本题总分中扣除 1%，操作超过 20 min 本题为零分。

4. 评分项目及标准

评分项目	评分要点	配分	评分标准及扣分
1. 检测前的准备	操作人员穿着	0.5	没穿工作服，扣 0.5 分
	工具、仪表的选用	0.5	选用工具、仪器不当或漏选，每次扣 0.5 分
	仪器检测前的准备工作	1	操作每失误、缺少一项扣 0.1 分，扣完为止

续表

评分项目	评分要点	配分	评分标准及扣分
2. 检修	工具的使用	1	每错误使用工具一次，扣0.2分
	仪表的使用	2	仪表的连接及数据读取每失误一次，扣0.2分，扣完为止
	检修步骤	20	操作顺序错误，每处扣2分；操作失误，酌情扣分，扣完为止
3. 检测后	清洁、恢复工具及检测设备	2	没清洁处，每处扣0.2分；没恢复原状态的，每件扣0.5分
4. 检测结果分析	对于检测的结果进行分析	3	能根据检测结果进行正确分析，否则每错一处扣0.5分
合　计		30	

【题目5】车轮定位的检查与调整

1. 考核要求

能对车轮定位的检查与调整。

2. 准备工作

实验车、四轮定位仪、专用工具。

3. 考核时间

完成题操作基本时间为40 min；每超过1 min从本题总分中扣除1%，操作超过15 min本题为零分。

4. 评分项目及标准

评分项目	评分要点	配分	评分标准及扣分
1. 检测前的准备	操作人员穿着	0.5	没穿工作服，扣0.2分
	工具、仪表的选用	0.5	选用工具、仪器不当或漏选，每次扣0.1分
	仪器检测前的准备工作	1	操作每失误、缺少一项扣0.2分，扣完为止

续表

评分项目	评分要点	配分	评分标准及扣分
2. 检查与调整	工具的使用	2	每错误使用工具一次，扣0.2分
	仪表的使用	5	仪表的连接及数据读取每失误一次，扣0.5分，扣完为止
	检查与调整步骤	20	操作顺序错误，每处扣2分；操作失误，酌情扣分，扣完为止
3. 实习结束	清洁、恢复工具及检测设备	2	没清洁处，每处扣0.2分；没恢复原状态的，每件扣0.5分
4. 检测结果分析	对于检测的结果进行分析	4	能根据检测结果进行正确分析，否则每错一处扣0.5分
合　计		35	

【题目6】制动器与传动装置的维修

1. 考核要求

能对制动器与传动装置的维修。

2. 准备工作

盘式制动器、鼓式制动器、塞尺、专用弹簧钩或弹簧钳、润滑脂、弓形内径规、专用工具。

3. 考核时间

完成题操作基本时间为35 min；每超过1 min从本题总分中扣除1%，操作超过10 min本题为零分。

4. 评分项目及标准

评分项目	评分要点	配分	评分标准及扣分
1. 检测前的准备	操作人员穿着	0.5	没穿工作服，扣0.5分
	工具、仪表的选用	0.5	选用工具、仪器不当或漏选，每次扣0.1分
	仪器检测前的准备工作	1	操作每失误、缺少一项扣0.2分，扣完为止

续表

评分项目	评分要点	配分	评分标准及扣分
2. 维修	工具的使用	2	每错误使用工具一次，扣0.2分
	仪表的使用	4	仪表的连接及数据读取每失误一次，扣0.2分，扣完为止
	维修步骤	20	操作顺序错误，每处扣2分；操作失误，酌情扣分，扣完为止
3. 实习结束	清洁、恢复工具及检测设备	2	没清洁处，每处扣0.2分；没恢复原状态的，每件扣0.5分
4. 检测结果分析	对于检测的结果进行分析	5	能根据检测结果进行正确分析，否则每错一处扣5分
合　计		35	

【题目7】离合器、变速器、驱动桥异响故障的诊断

1. 考核要求

能对离合器、变速器、驱动桥异响故障进行诊断。

2. 准备工作

无。

3. 考核时间

完成题操作基本时间为50 min；每超过1 min从本题总分中扣除1%，操作超过5 min本题为零分。

4. 评分项目及标准

评分项目	评分要点	配分	评分标准及扣分
1. 检测前的准备	操作人员穿着	1	没穿工作服，扣1分
	工具、仪表的选用	1	选用工具、仪器不当或漏选，每次扣0.2分
	仪器检测前的准备工作	2	操作每失误、缺少一项扣0.2分，扣完为止

续表

评分项目	评分要点	配分	评分标准及扣分
2. 维修过程	工具的使用	2	每错误使用工具一次，扣 0.2 分
	仪表的使用	4	仪表的连接及数据读取每失误一次，扣 0.4 分，扣完为止
	检测步骤	20	操作顺序错误，每处扣 2 分；操作失误，酌情扣分，扣完为止
3. 实习结束	清洁、恢复工具及检测设备	2	没清洁处，每处扣 0.2 分；没恢复原状态的，每件扣 0.5 分
4. 检测结果分析	对于检测的结果进行分析	3	能根据检测结果进行正确分析，否则每错一处扣 0.5 分
合　计		35	

【题目 8】诊断与排除转向沉重故障

1. 考核要求

能对转向沉重故障进行诊断。

2. 准备工作

无。

3. 考核时间

完成题操作基本时间为 50 min；每超过 1 min 从本题总分中扣除 1%，操作超过 5 min 本题为零分。

4. 评分项目及标准

评分项目	评分要点	配分	评分标准及扣分
1. 检测前的准备	操作人员穿着	1	没穿工作服，扣 1 分
	工具、仪表的选用	1	选用工具、仪器不当或漏选，每次扣 0.2 分
	仪器检测前的准备工作	1	操作每失误、缺少一项扣 0.2 分，扣完为止

续表

评分项目	评分要点	配分	评分标准及扣分
2. 故障诊断	工具的使用	2	每错误使用工具一次，扣0.2分
	仪表的使用	4	仪表的连接及数据读取每失误一次，扣0.4分，扣完为止
	诊断步骤	25	操作顺序错误，每处扣5分；操作失误，酌情扣分，扣完为止
3. 诊断后	清洁、恢复工具及检测设备	2	没清洁处，每处扣0.2分；没恢复原状态的，每件扣0.5分
4. 检测结果分析	对于检测的结果进行分析	4	能根据检测结果进行正确分析，否则每错一处扣0.5分
合　计		40	

【题目9】由制动器引起的制动拖滞故障的诊断与排除方法

1. 考核要求

能诊断与排除制动器引起的制动拖滞故障。

2. 准备工作

无。

3. 考核时间

完成题操作基本时间为30 min；每超过1 min从本题总分中扣除1%；操作超过5 min本题为零分。

4. 评分项目及标准

评分项目	评分要点	配分	评分标准及扣分
1. 检测前的准备	操作人员穿着	1	没穿工作服，扣1分
	工具、仪表的选用	1	选用工具、仪器不当或漏选，每次扣0.2分
	仪器检测前的准备工作	1	操作每失误、缺少一项扣0.2分，扣完为止

续表

评分项目	评分要点	配分	评分标准及扣分
2. 故障诊断与排除	工具的使用	2	每错误使用工具一次，扣 0.2 分
	仪表的使用	4	仪表的连接及数据读取每失误一次，扣 0.4 分，扣完为止
	诊断与排除步骤	25	操作顺序错误，每处扣 5 分；操作失误，酌情扣分，扣完为止
3. 检测后	清洁、恢复工具及检测设备	2	没清洁处，每处扣 0.2 分；没恢复原状态的，每件扣 0.5 分
4. 检测结果分析	对于检测的结果进行分析	4	能根据检测结果进行正确分析，否则每错一处扣 0.5 分
合　计		40	

【题目 10】由前轮定位引起的车轮摆振、轮胎异常磨损故障的排除

1. 考核要求

能诊断与排除由前轮定位引起的车轮摆振、轮胎异常磨损故障。

2. 准备工作

无。

3. 考核时间

完成题操作基本时间为 30 min；每超过 1 min 从本题总分中扣除 1%；操作超过 5 min 本题为零分。

4. 评分项目及标准

评分项目	评分要点	配分	评分标准及扣分
1. 检测前的准备	操作人员穿着	0.5	没穿工作服，扣 0.5 分
	工具、仪表的选用	0.5	选用工具、仪器不当或漏选，每次扣 0.1 分
	仪器检测前的准备工作	1	操作每失误、缺少一项扣 0.2 分，扣完为止

续表

评分项目	评分要点	配分	评分标准及扣分
2. 故障排除	工具的使用	1	每错误使用工具一次，扣0.2分
	仪表的使用	2	仪表的连接及数据读取每失误一次，扣0.2分，扣完为止
	排除步骤	15	操作顺序错误，每处扣1分；操作失误，酌情扣分，扣完为止
3. 诊断、排除结束后	清洁、恢复工具及检测设备	2	没清洁处，每处扣0.2分；没恢复原状态的，每件扣0.5分
4. 检测结果分析	对于检测的结果进行分析	3	能根据检测结果进行正确分析，否则每错一处扣0.5分
合　计		25	

第三章　电器设备维修作业

考 核 要 点

操作技能考核范围	考核要点	重要程度
检测空调系统的工作状况	检漏	掌握
	抽真空	掌握
	充注制冷剂	掌握
	添加冷冻机油	掌握
蓄电池技术状况的检查	放空	掌握
	电解液液面高度的检查	熟悉
	电解液相对密度的检查	掌握
	电解液温度的检查	掌握
	电池端电压的测试	掌握
起动机的检修	起动机的拆装、分解、清洁起动机总成	掌握
	起动机的组装	掌握
发电机的检修	发电机的拆装、分解、清洁	掌握
	硅整流发电机的检修	掌握
	进行交流发电机的组装	掌握
诊断与排除电气设备故障	排除充电电流不稳的故障	熟悉
	启动机运转无力故障	熟悉
	排除高压无火的故障	熟悉
	排除发电机异响的故障	熟悉
	排除喇叭不响的故障	熟悉
	排除喇叭声响不正常的故障	熟悉
	排除喇叭触点烧坏的故障	熟悉
	排除喇叭长鸣的故障	熟悉
	减少喇叭故障的措施	熟悉
	排除空调压缩机不运转的故障	熟悉
	排除空调压缩机不停转的故障	熟悉

辅导练习题

【题目 1】检漏

1. 考核要求

（1）能够用加压法检测汽车制冷系统。

（2）能够正确使用高低压组合表。

2. 准备工作

压缩机、高低压组合表、连接线、常用汽车维修工具。

3. 考核时间

完成题操作基本时间为 30 min，每超出 1 min 从本题中扣除 1%，操作超出 5 min 本题为零分。

4. 评分项目及标准

评分项目	评分要点	配分	评分标准及扣分
1. 检测前的准备	操作人员穿着	0.5	没穿工作服，扣 0.5 分
	工具仪表的选用	0.5	选用工具、仪器不当或漏选，每次扣 0.1 分，扣完为止
	仪器使用前的准备工作	1	没有准备或准备不充分，扣 0.2 分
2. 检测	工具的使用	1	使用工具错误一次扣 0.2 分，扣完为止
	仪表的使用	2	仪表的连接及数据读取每失误一次扣 0.2 分，扣完为止
	故障检测步骤	10	操作顺序错误，每处扣 2 分；操作失误，酌情扣分，扣完为止
3. 检测后	清洁、恢复工具及检测设备	2	没清洁处，每处扣 0.2 分；没恢复原状态的，每件扣 0.5 分
4. 检测结果分析	对于检测的结果进行分析	3	能够根据检测结果进行正确分析，错误一处扣 0.5 分，扣完为止
合　　计		20	

【题目2】抽真空

1. 考核要求

（1）能够检测汽车冷气系统的气密性。

（2）能够正确使用高低压组合表。

2. 准备工作

压缩机、高低压组合表、连接线、真空泵、常用汽车维修工具。

3. 考核时间

完成题操作基本时间为30 min，每超出1 min从本题中扣除1%，操作超出5 min本题为零分。

4. 评分项目及标准

评分项目	评分要点	配分	评分标准及扣分
1. 检测前的准备	操作人员穿着	0.5	没穿工作服，扣0.5分
	工具仪表的选用	0.5	选用工具、仪器不当或漏选，每次扣0.1分，扣完为止
	仪器使用前的准备工作	1	没有准备或准备不充分，扣0.2分
2. 检测	工具的使用	1	使用工具错误一次扣0.2分，扣完为止
	仪表的使用	2	仪表的连接及数据读取每失误一次扣0.2分，扣完为止
	检测步骤	10	检测方法错误扣2分；检测结果错误一处扣1分，扣完为止
3. 检测后	清洁、恢复工具及检测设备	2	没清洁处，每处扣0.2分；没恢复原状态的，每件扣0.5分
4. 检测结果分析	对于检测的结果进行分析	3	能够根据检测结果进行正确分析，错误一处扣0.5分，扣完为止
合　计		20	

【题目 3】充注制冷剂

1. 考核要求

（1）能够向汽车制冷系统中充注液态制冷液。

（2）能够正确使用高低压组合表。

2. 准备工作

压缩机、高低压组合表、连接线、真空泵、制冷剂罐、常用汽车维修工具。

3. 考核时间

完成题操作基本时间为 30 min，每超出 1 min 从本题中扣除 1%，操作超出 5 min 本题为零分。

4. 评分项目及标准

评分项目	评分要点	配分	评分标准及扣分
1. 检测前的准备	操作人员穿着	0.5	没穿工作服，扣 0.5 分
	工具仪表的选用	0.5	选用工具、仪器不当或漏选，每次扣 0.5 分，扣完为止
	仪器使用前的准备工作	1	没有准备或准备不充分，扣 0.2 分
2. 检测	工具的使用	1	使用工具错误一次扣 0.2 分，扣完为止
	仪表的使用	2	仪表的连接及数据读取每失误一次扣 0.2 分，扣完为止
	检测步骤	10	检测方法错误扣 2 分；检测结果错误一处扣 1 分，扣完为止
3. 检测后	清洁、恢复工具及检测设备	2	没清洁处，每处扣 0.2 分；没恢复原状态的，每件扣 0.5 分
4. 检测结果分析	对于检测的结果进行分析	3	能够根据检测结果进行正确分析，错误一处扣 0.5 分，扣完为止
合　计		20	

【题目4】添加冷冻机油

1. 考核要求

（1）能够向压缩机中充注冷冻机油。

（2）能够正确使用高低压组合表。

2. 准备工作

压缩机、高低压组合表、连接线、真空泵、量杯、常用汽车维修工具。

3. 考核时间

完成题操作基本时间为20 min，每超出1 min从本题中扣除1%，操作超出5 min本题为零分。

4. 评分项目及标准

评分项目	评分要点	配分	评分标准及扣分
1. 检测前的准备	操作人员穿着	1	没穿工作服，扣1分
	工具仪表的选用	1	选用工具、仪器不当或漏选，每次扣0.2分，扣完为止
	仪器使用前的准备工作	1	没有准备或准备不充分，扣1分
2. 检测	工具的使用	1	使用工具错误一次，扣0.2分，扣完为止
	仪表的使用	2	仪表的连接及数据读取每失误一次，扣0.5分，扣完为止
	检测步骤	10	检测方法错误扣2分；检测结果错误一处扣1分；扣完为止
3. 检测后	清洁、恢复工具及检测设备	2	没清洁处，每处扣0.2分；没恢复原状态的，每件扣0.5分
4. 检测结果分析	对于检测的结果进行分析	2	能够根据检测结果进行正确分析，错误一处扣0.5分，扣完为止
合　计		20	

【题目5】放空

1. 考核要求

（1）能够排除系统内全部制冷剂。

（2）能够正确使用高低压组合表。

2. 准备工作

压缩机、高低压组合表、连接线、常用汽车维修工具。

3. 考核时间

完成题操作基本时间为 25 min，每超出 1 min 从本题中扣除 1%，操作超出 5 min 本题为零分。

4. 评分项目及标准

评分项目	评分要点	配分	评分标准及扣分
1. 检测前的准备	操作人员穿着	0.5	没穿工作服，扣 0.5 分
	工具仪表的选用	0.5	选用工具、仪器不当或漏选，每次扣 0.1 分，扣完为止
	仪器使用前的准备工作	1	没有准备或准备不充分，扣 1 分
2. 检测	工具的使用	1	使用工具错误一次，扣 0.2 分，扣完为止
	仪表的使用	2	仪表的连接及数据读取每失误一次，扣 0.2 分，扣完为止
	检测步骤	15	检测方法错误，扣 3 分；检测结果错误一处，扣 1 分；扣完为止
3. 检测后	清洁、恢复工具及检测设备	2	没清洁处，每处扣 0.2 分；没恢复原状态的，每件扣 0.5 分
4. 检测结果分析	对于检测的结果进行分析	3	能够根据检测结果进行正确分析，错误一处扣 0.5 分，扣完为止
合　计		25	

【题目 6】蓄电池技术状况的检查

1. 考核要求

能够对蓄电池的技术状况进行检查。

2. 准备工作

蓄电池、常用汽车维修工具。

3. 考核时间

完成题操作基本时间为 15 min，每超出 1 min 从本题中扣除 1%，操作超出 5 min 本题为零分。

4. 评分项目及标准

评分项目	评分要点	配分	评分标准及扣分
1. 清洁	操作人员穿着	1	没穿工作服，扣1分
2. 蓄电池技术状况的检查	电解液液面高度的检查	5	检查方法不正确，扣1分；检查结果不正确，扣0.5分；扣完为止
	电解液相对密度的检查方法及步骤	5	检查方法不正确，扣1分；检查结果不正确，扣0.5分；扣完为止
	电解液温度的检查	5	检查方法不正确，扣1分；检查结果不正确，扣0.5分；扣完为止
	电池端电压的测试	5	检查方法不正确，扣1分；检查结果不正确，扣0.5分；扣完为止
3. 安全文明生产	遵守安全操作规程，正确使用工量具，操作现场整洁，安全用电，防火，无人身、设备事故	4	因违规操作发生重大人身和设备事故，此题按零分计
合计		25	

【题目7】发电机的拆装与检修

1. 考核要求

（1）掌握熟悉交流发电机的拆解及装复交流发电机各部零件及总成的检查。

（2）理解交流发电机的组成及构造。

（3）了解交流发电机的原理。

2. 准备工作

台钳及平台、蓄电池、交流硅整流发电机、汽车常用维修工具。

3. 考核时限

完成题操作基本时间为 30 min，每超出 1 min 从本题中扣除 1%，操作超出 5 min 本题为零分。

4. 评分项目及标准

作业项目	考核内容	配分	评分标准
1. 检测前的准备	交流发电机拆解清洗	2	每出现一处错误操作，扣0.4分
2. 硅整流交流发电机的检查	转子总成检查：滑环、轴、爪型磁极、线圈	5	检查方法不正确，扣1分；检查结果错误；扣0.5分；扣完为止
	定子总成检查：线圈、铁芯	5	检查方法错误，扣1分；检查结果错误，扣0.5分；扣完为止
	整流二极管检查： 正极：正向电阻、反向电阻 负极：正向电阻、反向电阻	5	检查方法不正确，扣1分；检查结果不正确，扣0.5分
	电刷组件检查	5	检查方法不正确，扣1分；检查结果不正确，扣0.5分
3. 发电机组装	发电机的组装工艺和方法	5	每出现一处操作错误，扣0.5分
4. 安全文明生产	遵守安全操作规程，正确使用工量具，操作现场整洁	1	每项扣0.2分，扣完为止
	安全无人身、设备事故	2	因违规操作发生重大人身和设备事故，此题按零分计
合　计		30	

【题目8】排除充电电流不稳的故障

1. 考核要求

（1）按程序进行发动机充电电流不稳故障的诊断与排除。

（2）能正确地判断分析结果。

2. 准备工作

发动机、常用汽车维修工具。

3. 考核时间

完成题操作基本时间为30 min，每超出1 min从本题中扣除1%，操作超出5 min本题为零分。

4. 评分项目及标准

作业项目	考核内容	配分	评分标准
1. 故障排除前的准备	劳保用品穿戴齐全	1	穿戴不全，不得分
2. 正确选用工具、量具、材料	选用工具、量具、材料齐全准确	2	缺一件，扣0.5分；选错一件，扣0.5分，扣完为止
3. 根据故障现象，分析故障原因	运用正确方法确认故障，分析产生故障的原因，说出至少两种主要故障原因	5	故障确认不准确，扣1分；分析原因不相关，扣2分；每少说一项，扣1分；扣完为止
4. 诊断故障	用正确的方法诊断故障	7	诊断方法错误，扣1分；诊断步骤错一步，扣1分；诊断结果错误，不得分；扣完为止
5. 排除故障	用正确的方法排除故障	5	不能排除一处，扣2分；自制一处故障，扣1分；扣完为止
6. 正确使用工具、用具	工具、用具使用正确	2	一种工具、量具使用不正确，每次扣0.5分，扣完为止
7. 清理现场	清理、擦洗并回收工具、用具	3	少收一件工具、用具，扣0.5分，扣完为止
合　计		25	

【题目9】启动机运转无力故障

1. 考核要求

（1）按程序进行启动机运转无力故障的诊断与排除。

（2）能正确地判断分析结果。

2. 准备工作

启动机、常用汽车维修工具。

3. 考核时间

完成题操作基本时间为20 min，每超出1 min从本题中扣除1%，操作超出5 min本题为零分。

4. 评分项目及标准

作业项目	考核内容	配分	评分标准
1. 故障诊断前准备	劳保用品穿戴齐全	1	穿戴不全，不得分
	选用工具、量具、材料齐全准确	2	缺一件，扣 0.2 分；选错一件，扣 0.2 分；扣完为止
2. 根据故障现象，分析故障原因	运用正确方法确认故障，分析产生故障的原因，说出至少两种主要故障原因	5	故障确认不准确，扣 1 分；分析原因不相关，扣 2 分；每少说一项，扣 1 分；扣完为止
3. 诊断故障	用正确的方法诊断故障	7	诊断方法错误，扣 1 分；诊断步骤，错一步扣 1 分；诊断结果错误，不得分；扣完为止
4. 排除故障	用正确的方法排除故障	5	错误排除一处，扣 0.5 分；自制一处故障，扣 1 分；扣完为止
5. 正确使用工具、用具	工具、用具使用正确	2	一种工具、量具使用不正确，扣 0.2 分，扣完为止；损坏丢失一件工具、用具，不得分
6. 清理现场	清理、擦洗并回收工具、用具	3	少收一件工具、用具，扣 0.3 分，扣完为止
合　计		25	

【题目 10】排除高压无火的故障

1. 考核要求

（1）按程序进行高压无火故障的诊断与排除。

（2）能正确地判断分析结果。

2. 准备工作

发动机、常用汽车维修工具。

3. 考核时间

完成题操作基本时间为 20 min，每超出 1 min 从本题中扣除 1%，操作超出 5 min 本题为零分。

4. 评分项目及标准

作业项目	考核内容	配分	评分标准
1. 故障排除前准备	劳保用品穿戴齐全	1	穿戴不全，不得分
	选用工具、量具、材料齐全准确	2	缺一件，扣 0.2 分；选错一件，扣 0.5 分，扣完为止
2. 根据故障现象，分析故障原因	运用正确方法确认故障，分析产生故障的原因，说出至少两种主要故障原因	5	故障确认不准确，扣 1 分；分析原因不相关，扣 0.5 分，扣完为止
3. 诊断故障	用正确的方法诊断故障	5	诊断方法错误，扣 1 分；诊断步骤错一步，扣 0.5 分；诊断结果错误，不得分；扣完为止
4. 排除故障	用正确的方法排除故障	5	错误排除一处，扣 1 分；自制一处故障，扣 1 分；扣完为止
5. 正确使用工具、用具	工具、用具使用正确	5	一种工具、量具使用不正确，扣 0.5 分，扣完为止；损坏丢失一件工具、用具，不得分
6. 清理现场	清理、擦洗并回收工具、用具	2	少收一件工具、用具，扣 1 分，扣完为止；未收回，不得分
合　计		25	

【题目 11】排除发电机异响的故障

1. 考核要求

（1）按程序进行发电机异响故障的诊断与排除。

（2）能正确地判断分析结果。

2. 准备工作

发电机、常用汽车维修工具。

3. 考核时间

完成题操作基本时间为 30 min，每超出 1 min 从本题中扣除 1%，操作超出 5 min 本题为零分。

4. 评分项目及标准

作业项目	考核内容	配分	评分标准
1. 故障排除前	劳保用品穿戴齐全	1	穿戴不全，不得分
	选用工具、量具、材料齐全准确	1	缺一件，扣0.2分；选错一件，扣0.2分；扣完为止
2. 根据故障现象，分析故障原因	运用正确方法确认故障，分析产生故障的原因，说出至少两种主要故障原因	5	故障确认不准确，扣1分；分析原因不相关，扣0.5分；每少说一项，扣1分；扣完为止
3. 诊断故障	用正确的方法诊断故障	8	诊断方法错误，扣1分；诊断步骤错一步，扣0.5分；诊断结果错误，不得分；扣完为止
4. 排除故障	用正确的方法排除故障	5	错误排除一处，扣1分；自制一处故障，扣1分；扣完为止
5. 正确使用工具、用具	工具、用具使用正确	2	一种工具、量具使用不正确，扣0.5分；扣完为止；损坏丢失一件工具、用具，不得分
6. 清理现场	清理、擦洗并回收工具、用具	3	少收一件工具、用具，扣0.3分，扣完为止；未收回，不得分
合　计		25	

【题目12】排除喇叭不响的故障

1. 考核要求

（1）按程序进行喇叭不响故障的诊断与排除。

（2）能正确地判断分析结果。

2. 准备工作

喇叭、常用汽车维修工具。

3. 考核时间

完成题操作基本时间为25 min，每超出1 min从本题中扣除1%，操作超出5 min本题为零分。

4. 评分项目及标准

作业项目	考核内容	配分	评分标准
1. 故障排除前	劳保用品穿戴齐全	1	穿戴不全，不得分
	选用工具、量具、材料齐全准确	2	缺一件，扣0.5分；选错一件，扣0.5分；扣完为止
2. 根据故障现象，分析故障原因	运用正确方法确认故障，分析产生故障的原因，说出至少两种主要故障原因	5	故障确认不准确，扣1分；分析原因不相关，扣1分；扣完为止
3. 诊断故障	用正确的方法诊断故障	10	诊断方法错误，扣2分；诊断步骤，每错一步扣1分；诊断结果错误，不得分
4. 排除故障	用正确的方法排除故障	8	错误排除一处，扣1分；自制一处故障，扣1分；扣完为止
5. 正确使用工具、用具	工具、用具使用正确	2	一种工具、量具使用不正确，扣0.2分；扣完为止，损坏丢失一件工具、用具，不得分
6. 清理现场	清理、擦洗并回收工具、用具	2	少收一件工具、用具，扣0.5分，扣完为止；未收回，不得分
合　　计		30	

【题目13】排除喇叭声响不正常的故障

1. 考核要求

（1）按程序进行喇叭声响不正常故障的诊断与排除。

（2）能正确地判断分析结果。

2. 准备工作

喇叭、常用汽车维修工具。

3. 考核时间

完成题操作基本时间为15 min，每超出1 min从本题中扣除1%，操作超出5 min本题为零分。

4. 评分项目及标准

作业项目	考核内容	配分	评分标准
1. 故障排除前	劳保用品穿戴齐全	1	穿戴不全，不得分
	选用工具、量具、材料齐全准确	1	缺一件，扣 0.2 分；选错一件，扣 0.2 分；扣完为止
2. 根据故障现象，分析故障原因	运用正确方法确认故障，分析产生故障的原因，说出至少两种主要故障原因	5	故障确认不准确，扣 1 分；分析原因不相关，扣 1 分；扣完为止
3. 诊断故障	用正确的方法诊断故障	10	诊断方法错误，扣 1 分；诊断步骤，每错一步扣 1 分；扣完为止
4. 排除故障	用正确的方法排除故障	8	错误操作一次，扣 1 分；自制一处故障，扣 1 分；扣完为止
5. 正确使用工具、用具	工具、用具使用正确	3	一种工具、量具使用不正确，扣 1 分，扣完为止；损坏丢失一件工具、用具，不得分
6. 清理现场	清理、擦洗并回收工具、用具	2	少收一件工具、用具，扣 0.5 分，扣完为止；未收回，不得分
合　计		30	

【题目 14】排除喇叭触点烧坏的故障

1. 考核要求

(1) 按程序进行喇叭触点烧坏故障的诊断与排除。

(2) 能正确地判断分析结果。

2. 准备工作

喇叭、常用汽车维修工具。

3. 考核时间

完成题操作基本时间为 15 min，每超出 1 min 从本题中扣除 1%，操作超出 5 min 本题为零分。

4. 评分项目及标准

作业项目	考核内容	配分	评分标准
1. 故障排除前	劳保用品穿戴齐全	0.5	穿戴不全，不得分
	选用工具、量具、材料齐全准确	0.5	缺一件，扣 0.1 分；选错一件，扣 0.1 分，扣完为止
2. 根据故障现象，分析故障原因	运用正确方法确认故障，分析产生故障的原因，说出至少两种主要故障原因	5	故障确认不准确，扣 1 分；分析原因不相关，扣 1 分，扣完为止
3. 诊断故障	用正确的方法诊断故障	10	诊断方法错误，扣 2 分；诊断步骤，每错一步扣 1 分；诊断结果错误扣完为止
4. 排除故障	用正确的方法排除故障	5	排除方法错误每次扣 1 分；自制一处故障扣 1 分；扣完为止
5. 正确使用工具、用具	工具、用具使用正确	2	一种工具、量具使用不正确，扣 1 分，扣完为止；损坏丢失一件工具、用具，不得分
6. 清理现场	清理、擦洗并回收工具、用具	2	少收一件工具、用具，扣 1 分，扣完为止；未收回，不得分
合　计		25	

【题目 15】排除喇叭长鸣的故障

1. 考核要求

（1）按程序进行喇叭长鸣故障的诊断与排除。

（2）能正确地判断分析结果。

2. 准备工作

喇叭、常用汽车维修工具。

3. 考核时限

完成题操作基本时间为 15 min，每超出 1 min 从本题中扣除 1%，操作超出 5 min 本题为零分。

4. 评分项目及标准

作业项目	考核内容	配分	评分标准
1. 故障诊断前	劳保用品穿戴齐全	1	穿戴不全，不得分
	选用工具、量具、材料齐全准确	2	缺一件，扣 0.5 分；选错一件，扣 0.5 分；扣完为止
2. 根据故障现象，分析故障原因	运用正确方法确认故障，分析产生故障的原因，说出至少两种主要故障原因	5	故障确认不准确，扣 1 分；分析原因不相关，扣 1 分；每少说一项，扣 0.2 分，扣完为止
3. 诊断故障	用正确的方法诊断故障	10	诊断方法错误，扣 2 分；诊断步骤，每错一步扣 1 分，扣完为止
4. 排除故障	用正确的方法排除故障	8	错误操作一处，扣 2 分；自制一处故障，扣 1 分；扣完为止
5. 正确使用工具、用具	工具、用具使用正确	2	一种工具、量具使用不正确，扣 0.5 分，扣完为止；损坏丢失一件工具、用具，不得分
6. 清理现场	清理、擦洗并回收工具、用具	2	少收一件工具、用具，扣 1 分，扣完为止；未收回，不得分
合　计		30	

【题目 16】减少喇叭故障的措施

1. 考核要求

（1）按程序进行喇叭故障的诊断与排除。

（2）能正确地判断分析结果。

2. 准备工作

喇叭、常用汽车维修工具。

3. 考核时间

完成题操作基本时间为 10 min，每超出 1 min 从本题中扣除 1%，操作超出 5 min 本题为零分。

4. 评分项目及标准

作业项目	考核内容	配分	评分标准
1. 故障诊断前	劳保用品穿戴齐全	1	穿戴不全，不得分
	选用工具、量具、材料齐全准确	2	缺一件，扣0.2分；选错一件，扣0.2分，扣完为止
2. 根据故障现象，分析故障原因	运用正确方法确认故障，分析产生故障的原因，说出至少两种主要故障原因	5	故障确认不准确，扣1分；分析原因不相关，扣0.5分；每少说一项，扣0.5分，扣完为止
3. 诊断故障	用正确的方法诊断故障	10	诊断方法错误，扣1分；诊断步骤每错一步，扣1分；诊断结果错误，不得分，扣完为止
4. 排除故障	用正确的方法排除故障	8	错误排除一处，扣2分；自制一处故障，扣1分，扣完为止
5. 正确使用工具、用具	工具、用具使用正确	2	一种工具、量具使用不正确，扣0.5分，扣完为止；损坏丢失一件工具、用具，不得分
6. 清理现场	清理、擦洗并回收工具、用具	2	少收一件工具、用具，扣0.5分，扣完为止
合　计		30	

【题目17】排除空调压缩机不运转的故障

1. 考核要求

（1）按程序进行空调压缩机不运转故障的诊断与排除。

（2）能正确地判断分析结果。

2. 准备工作

空调压缩机、常用汽车维修工具。

3. 考核时间

完成题操作基本时间为20 min，每超出1 min从本题中扣除1%，操作超出5 min本题为零分。

4. 评分项目及标准

作业项目	考核内容	配分	评分标准
1. 故障诊断前	劳保用品穿戴齐全	1	穿戴不全，不得分
	选用工具、量具、材料齐全准确	2	缺一件，扣 0.2 分；选错一件，扣 0.2 分，扣完为止
2. 根据故障现象，分析故障原因	运用正确方法确认故障，分析产生故障的原因，说出至少两种主要故障原因	5	故障确认不准确，扣 1 分；分析原因不相关，扣 1 分；每少说一项，扣 1 分，扣完为止
3. 诊断故障	用正确的方法诊断故障	10	诊断方法错误，扣 2 分；诊断步骤，每错一步扣 1 分；诊断结果错误，不得分；扣完为止
4. 排除故障	用正确的方法排除故障	8	错误排除一处，扣 2 分；自制一处故障，扣 1 分；扣完为止
5. 正确使用工具、用具	工具、用具使用正确	2	一种工具、量具使用不正确，扣 0.5 分，扣完为止；损坏丢失一件工具、用具，不得分
6. 清理现场	清理、擦洗并回收工具、用具	2	少收一件工具、用具，扣 1 分，扣完为止
合　　计		30	

【题目 18】排除空调压缩机不停转的故障

1. 考核要求

（1）按程序进行空调压缩机不停转故障的诊断与排除。

（2）能正确地判断分析结果。

2. 准备工作

空调压缩机、常用汽车维修工具。

3. 考核时间

完成题操作基本时间为 15 min，每超出 1 min 从本题中扣除 1%，操作超出 3 min 本题为零分。

4. 评分项目及标准

作业项目	考核内容	配分	评分标准
1. 故障诊断前	劳保用品穿戴齐全	1	穿戴不全，不得分
	选用工具、量具、材料齐全准确	2	缺一件，扣0.5分；选错一件，扣0.5分，扣完为止
2. 根据故障现象，分析故障原因	运用正确方法确认故障，分析产生故障的原因，说出至少两种主要故障原因	5	故障确认不准确，扣0.5分；分析原因不相关，扣0.5分；每少说一项，扣1分，扣完为止
3. 诊断故障	用正确的方法诊断故障	10	诊断方法错误，扣2分；诊断步骤，每错一步扣1分；诊断结果错误，不得分；扣完为止
4. 排除故障	用正确的方法排除故障	8	错误操作一处，扣2分；自制一处故障，扣1分，扣完为止
5. 正确使用工具、用具	工具、用具使用正确	2	一种工具、量具使用不正确，扣1分，扣完为止；损坏丢失一件工具、用具，不得分
6. 清理现场	清理、擦洗并回收工具、用具	2	少收一件工具、用具，扣1分，扣完为止
合计		30	

第三部分　模拟试卷

中级汽车修理工理论知识考核模拟试卷

一、判断题（下列判断正确的请在括号内打“√”，错误的打“×”）

1. 汽车在进行二级维护之后再进行检测。（　）

2. 在汽车发动机二级维护竣工检验项目中，发动机功率无负荷功率检查，要求功率不大于额定值的80%。（　）

3. 通过技术检验，可将零件分为可用件、待修件和报废件三类。（　）

4. 拆卸正时带轮时应注意把张紧轮弹簧安装螺栓拧回一圈。（　）

5. 在测量汽缸磨损时，必须使测杆与汽缸中心线保持水平。（　）

6. 翼片式空气流量计的工作原理为随着通过传感器的空气流量的变化，计量板旋转的相对角度也发生变化，电位计的电阻随之而变，从而送给电控单元一变化的电阻信号。（　）

7. 蜡式节温器在橡胶管和感应体之间的空间里装有石蜡，为提高导热性，石蜡中常掺有铁粉。（　）

8. 分电器分火头作用是按发动机的工作顺序依次分配高压电至各缸火花塞上。（　）

9. 发动机怠速运转时，转速不均匀且有抖动现象，则说明发动机加速不良。（　）

10. 桑塔纳LX型轿车在二级维护前检测驻车制动器时，要求其生效齿数为三齿。（　）

11. 应急制动必须在行车制动系统有一处管路失效的情况下起作用。（　）

12. 膜片弹簧离合器即用膜片弹簧来作为汽车离合器的压紧元件。（　）

13. 主缸补偿孔和加油盖的通气孔必须保证畅通。（　）

14. 变速器输入轴、输出轴、中间轴和倒挡轴的径向跳动量要求不大于0.25 mm。（　）

15. 在做自动变速器液压试验时，要求发动机和自动变速器都得达到正常工作温度。（　）

16. 在进行完一个挡位的时滞试验后，要使发动机怠速运转 2 min 左右，再做试验。（　）

17. 组装主、从动锥齿轮时，轴承外圈应保持原配对，不可混装。（　）

18. 汽车二级维护前应检查蓄电池充电电压及电流。（　）

19. 硅整流发电机每相绕组产生的交流电动势的有效值与发电机的转速和磁通的乘积成正比。（　）

20. 油压表不能与传感器配套使用。（　）

二、单项选择题（下列每题有 4 个选项，其中只有 1 个是正确的，请将其代号填写在横线空白处）

1. 在汽车发动机二级维护前的检测项目中的汽缸漏气量检测，要求汽缸漏气量检验仪指示的气压值应不大于________。

A. 0.20 MPa　　B. 0.25 MPa

C. 0.30 MPa　　D. 0.35 MPa

2. 汽车维护的原则为预防为主，定期检测和________。

A. 及时修理　　B. 定期更换

C. 强制维护　　D. 自主选择维护

3. 气门座圈压入后，________平面与基体平面平齐。

A. 上端　　B. 下端

C. 左端　　D. 右端

4. 转向轮侧滑，实际上是指转向轮________与转向轮前束综合作用的结果。

A. 内倾角　　B. 外倾角

C. 后倾角　　D. 前倾角

5. 同一环上漏光弧长所对应的圆心角总和不超过________。

A. 20°　　B. 25°

C. 30°　　D. 45°

6. 主轴承盖螺纹孔的损坏，将导致________报废。

A. 汽缸体　　B. 汽缸

C. 汽缸盖　　D. 汽缸壁

7. 汽车发动机凸轮轴修理技术条件中，要求以两端支承轴颈的公共轴线为基准，凸轮基圆的径向圆跳动公差为不大于________。

A. 0.05 mm　　B. 0.25 mm

C. 0.50 mm　　D. 0.55 mm

8. 安装张紧轮弹簧和垫片时应把螺栓充分紧固，然后退回________圈。

A. 一　　B. 二

C. 三　　D. 四

9. 安装凸轮轴时，第一汽缸凸轮必须朝________。凸轮轴转动时，活塞不可置于上止点，以防损坏气门及活塞顶部。

A. 上　　B. 下

C. 左　　D. 右

10. 汽缸体在装配时，3号轴瓦两端有半圆形止推环，注意定位及开口的安装方向必须朝向________。

A. 轴瓦　　B. 油槽

C. 标记　　D. 上面

11. 当曲轴主轴颈与连杆轴颈的圆度和圆柱度误差大于________时，应按修理尺寸进行磨修。

A. 0. 002 5 mm　　B. 0. 025 mm

C. 0. 25 mm　　D. 0. 005 mm

12. 曲轴轴颈与轴承之间的间隙不得过大，否则会造成曲轴后端漏油，在装配时对轴承的________应逐道检查。

A. 圆度　　B. 圆柱度

C. 松紧度　　D. 弯曲度

13. 进气温度传感器和水温传感器的结构和工作原理相同，内部装有负温度系数的热敏电阻，温度上升时，电阻值________。

A. 上升　　B. 下降

C. 不变　　D. 往复变化

14. 下列对于燃油系统卸压的过程叙述中，需要最先做的是________。

A. 松开油箱上的加油盖，释放油箱中的蒸汽压力

B. 连接三通油压表

C. 打开三通油压表的切断阀

D. 维修燃油管路或接头

15. 当发动机温度下降，吹向感温器的气流温度低于________时，阀片关闭进油口，硅油不能再进入工作室。

A. 25℃　　B. 30℃

C. 35℃　　D. 65℃

16. 断电器凸轮的凸角数与发动机的汽缸数________，且凸轮由分电器轴驱动运转。

A. 多一个　　B. 少一个

C. 随实际情况而定　　D. 相等

17. 在火花塞的型号中，第二部分用阿拉伯数字表示火花塞的________。

A. 结构类型　　B. 主要尺寸

C. 热值　　D. 发火端特征

18. 下列对于引起发动机启动困难故障的原因叙述不正确的是________。

A. 供油不足　　B. 供油过量

C. 燃油有杂质或水　　D. 蓄电池电力不足

19. 下列是发动机暴振故障的故障现象的是________。

A. 排气管冒水蒸气　　B. 振抖

C. 转速不均匀　　D. 热车启动困难

20. 变速器操纵时异响，可能是由于________。

A. 齿轮间隙过大　　B. 轴承间隙过小

C. 减震器失效　　D. 钣金件开裂

21. 行车制动在产生最大制动作用时的踏板力在满载时，对于座位数小于或等于 9 的载客汽车应________。

A. 不大于 700 N　　B. 不小于 700 N

C. 不大于 500 N　　D. 不小于 500 N

22. 桑塔纳轿车从动盘在半径为 120～150 mm 处测量时，从动盘的翘曲量不大于________。

A. 0.08 mm　　B. 0.80 mm

C. 0.88 mm　　D. 8.80 mm

23. 在开始安装离合器时，应注意________的方向。

A. 主动盘　　B. 从动盘

C. 压盘　　D. 离合器盖

24. 用游标卡尺测量变速器轴的花键厚度，要求磨损不大于________。

A. 0.04 mm　　B. 0.40 mm

C. 0.08 mm　　D. 0.80 mm

25. 接合齿轮或相配合的滑动齿轮齿端部位磨损量不得超过齿宽的________。

A. 5%　　B. 10%

C. 15%　　D. 25%

26. 在进行自动变速器液压试验时，要求________人进行。

A. 一　　B. 两

C. 三　　D. 四

27. 自动变速器油一般按其________运动黏度分为 6 号、8 号两种规格。

A. 60℃　　B. 80℃

C. 100℃　　D. 120℃

28. 组装主、从动锥齿轮时，要用压力机把前内轴承的内圈压到主动圆锥齿轮轴颈上，使其紧靠边齿轮________。

A. 小端　　B. 大端

C. 前端　　D. 后端

29. 为实现等速传动，在普通万向传动装置中采用________个万向节传动。

A. 一　　B. 两

C. 三　　D. 四

30. 悬架按照控制形式不同分为________。

A. 被动式悬架和主动式悬架　　B. 被动式悬架和独立悬架

C. 独立悬架和非独立悬架　　D. 独立式悬架和主动式悬架

31. ________只是在汽车前进制动时起自动增力作用。

A. 单向自动增力式　　B. 双向自动增力式

C. 自动增力式　　D. 非平衡式

32. 用故障自诊断测试 ABS 系统时，如果有多个故障码，则各故障码之间停________。

A. 2.0 s　　B. 2.2 s

C. 2.5 s　　D. 3.0 s

33. 汽车二级维护前各缸的点火电压差值不大于________。

A. 5 kV　　B. 8 kV

C. 2 kV　　D. 10 kV

34. 点火系中如检测出触点闭合角不符合规定，原因是________。

A. 分电气重叠角过小　　B. 点火系元件工作性能太差

C. 蓄电池没电　　D. 点火提前角失准

35. 起动机按控制机构不同分为电磁操纵式起动机和________。

A. 惯性啮合式起动机　　B. 电枢移动式起动机

C. 强制啮合式起动机　　D. 机械操纵式起动机

36. 起动机空转试验的三个主要参数分别是________，空转最大电流、空转速度。

A. 空转转矩　　B. 空转功率

C. 空转电压　　D. 空转速度

37. 硅整流发电机的三相定子绕组是________的。

A. 并联　　B. 串联

C. 对称　　D. 偏心

38. 发电机组装时，将定子部分套在后端盖上，连接好整流器与定子绕组的接线，连接好发电机________等接线柱。

A. “+”“N”　　B. “−”“N”

C. “+”“S”　　D. “S”“N”

39. 汽车空调制冷系统包括________、冷凝器、风扇、储液干燥器、膨胀阀、蒸发器、风机等。

A. 压缩机　　B. 涡轮机

C. 压气机　　D. 硅整流器

40. CFC12是氟利昂中的一种，分子式是________。

A. $CFCI_2$　　B. CF_2CI

C. CF_2CI_2　　D. CF_2CI_3

41. 机油压力表的作用是在发动机运转时，指示发动机________机油压力。

A. 主油道　　B. 油底壳

C. 机油泵　　D. 限压阀

42. 三接线柱式点火线圈与两接线柱式的主要区别是外壳上装有一个________。

A. 附加电阻　　B. 附加电流

C. 附加电压　　D. 附加绝缘元件

43. 电控系统检修时在拆卸和安装传感器和信号开关的连接器前应先将________。

A. 点火开关打开　　B. 点火开关关闭

C. 车辆制动　　D. 发动机启动

44. 最常见的机油泵为________。

A. 叶片泵　　B. 转子泵

C. 齿轮泵　　D. 以上3种都不是

45. 在进行自动变速器失速试验时，要求时间不能超过________。

A. 5 s　　B. 10 s

C. 15 s　　D. 25 s

46. 车轮主销后倾的作用是________。

A. 保证车辆直线行驶的稳定性　　B. 使转向轮转向操纵方便

C. 使转向轮自动回正　　D. 提高车轮工作地安全性

47. 在发动机二级维护竣工检测时，如果发动机异响，则确定的附加作业项目为________。

A. 更换磨损零件　　B. 更换气门

C. 研磨气门　　D. 调整配气正时

48. 汽车发动机二级维护竣工检验项目中，在进行发动机功率无负荷功率检查时，要求功率不小于额定值的________。

A. 60%　　B. 70%

C. 80%　　D. 90%

49. 连杆轴承刮削后，还应检查________。

A. 圆柱度　　B. 松紧度

C. 圆度　　D. 弯曲度

50. 下列________是造成曲轴变形的原因。

A. 主轴承间隙过大

B. 主轴承间隙过小

C. 发动机内残存有金属屑等坚硬杂物

D. 汽缸体主轴承座孔同轴度偏差过小

51. 气门弹簧座的检测项目有________。

A. 锈蚀　　B. 变形、裂纹检测

C. 烧结　　D. 砂眼

52. 切勿使用旋具之类的工具拆卸正时齿带，且拆下后切勿________弯曲正时齿带，以防损坏。

A. 缓慢　　B. 以很小的半径急剧

C. 以正常标准半径　　D. 轻轻

53. 汽缸盖、气门罩盖螺栓应按规定顺序，分________次交叉对角拧紧，拧紧力矩要符合相关规定。

A. 一　　B. 两

C. 三　　D. 四

54. 用量缸表 A 方向测量，记住表针所指刻度。旋转表面，使“0”对准表针所指刻度。然后将测杆在此横截面上转动________，此时表针所指刻度与“0”位刻度之差的 1/2 即为该汽缸的圆度误差。

A. 30°　　B. 45°

C. 90°　　D. 180°

55. 组装活塞连杆组时，要求按标记安装连杆轴承盖，并按规定力矩分________次拧紧螺栓。

A. 一　　B. 两

C. 三　　D. 四

56. 针阀式喷油器为电磁式，当电控单元发出喷射信号时，喷油器电磁线圈通电并产生磁场，吸引针阀移动从其座面上升约________，燃油从精密环形间隙中喷出。

A. 0.01 mm　　B. 0.1 mm

C. 0.02 mm　　D. 0.2 mm

57. 喷油器下部密封不良时会造成________。

A. 漏油　　B. 漏气

C. 发动机真空度上升　　D. 喷油量减少

58. 当拆下________后，发动机 ECU 所有诊断码都会被清除。

A. 蓄电池正极桩线　　B. 蓄电池负极桩线

C. 蓄电池正、负极桩线　　D. 传感器

59. 蜡式节温器在常温时，石蜡呈固态，弹簧将主阀门推向上方，使之压在阀座上，________。

A. 主阀门关闭　　B. 主阀门开启

C. 副阀门关闭　　D. 副阀门开启

60. 当叶轮旋转时，叶轮中心处的压力________，散热器中的水便经进水管被吸进叶轮中心部分。

A. 降低　　B. 升高

C. 不变　　D. 忽高忽低

三、多项选择题（下列每题中的多个选项中，至少有 2 个是正确的，请将正确答案的代号填在横线空白处）

1. 汽车发动机二级维护前的检测项目中，在检测进气歧管的真空度时要求在发动机处于怠速运转转速为 500～600 r/ min 时应满足________。

A. 真空度应为 50～70 kPa　　B. 真空度应为 60～70 kPa

C. 波动值应不大于 5 kPa　　D. 波动值应不小于 5 kPa

2. 出现下列________情况时，必须更换气门座圈。

A. 气门座圈表面有裂纹、斑点及严重烧蚀

B. 气门座圈工作面低于汽缸盖平面 1.5 mm

C. 气门座圈松动

D. 气门座圈工作面高于汽缸盖平面 1.5 mm

3. 汽缸体螺纹孔损坏产生的影响有________。

A. 汽缸体上平面螺纹孔损坏，会导致发动机漏水、漏气、漏油

B. 汽缸体后平面螺纹孔的损坏，会导致飞轮壳在安装时产生变形

C. 油道螺纹孔的损坏将使发动机的润滑没有保证，无法持续工作

D. 主轴承盖螺纹孔的损坏，将导致汽缸体报废

4. 下列________是拆卸正时带轮时的注意事项。

A. 拆卸凸轮轴正时带轮螺栓时，应先利用专用工具固定凸轮轴正时带轮，然后再拆下凸轮轴正时带轮螺栓

B. 用钳子夹住张紧轮一侧的张紧轮弹簧的端部，从张紧轮支架钩上卸下弹簧

C. 正时带轮拆卸后若再使用时，为保证按原方向组装，应用粉笔在正时带背面标上转动方向

D. 把张紧轮弹簧安装螺栓拧回两圈

5. 对于汽缸体装配注意事项的叙述正确的是________。

A. 装配时应更换损坏的密封件

B. 装配时应更换所有的密封件

C. 拧紧主轴承盖紧固螺栓时，不能一次拧紧，应分几次从两端到中间逐步拧紧

D. 拧紧主轴承盖紧固螺栓时，不能一次拧紧，应分几次从中间到两端逐步拧紧

6. 为了防止曲轴漏油，应注意以下________项。

A. 在装配时应对轴承的松紧度进行逐道检查，防止曲轴轴颈与轴承之间的间隙过大

B. 安装定位油封前，应检查油封与曲轴是否同心

C. 检查油封松紧度是否适当

D. 检查油封是否烧坏

7. 下列对于燃油系统的卸压方法叙述正确的是________。

A. 松开油箱上的加油盖，释放油箱中的蒸汽压力

B. 将三通油压表一端软管连接到燃油压力检测头上，将另一端软管装入准许的容器中

C. 打开三通油压表的切断阀，系统中的燃油从燃油压力检测孔通过三通软管流入准许的容器中

D. 将燃油压力表中残留的燃油倒入垃圾中

8. 下列对于硅油风扇离合器的工作原理叙述正确的是________。

A. 常温下硅油不能进入工作室，风扇离合器处于分离状态

B. 当发动机工作时，虽然驱动轴转动，风扇却随着离合器壳体在驱动轴上打滑

C. 当气流温度超过65℃时，风扇离合器处于啮合状态

D. 当气流温度低于65℃时，风扇离合器处于啮合状态

9. 下列对于分电器主要部件结构叙述正确的是________。

A. 分电器的分火头上端面有一绝缘片

B. 分火头插在断电器凸轮的顶端，随分电器轴一起旋转

C. 断电器由一个触点和凸轮组成

D. 电容器由两条铝箔或锡箔、两条绝缘纸带组成。其中一条箔带接金属外壳，另一条箔带通过与外壳绝缘的导线引出

10. 下列对于油路、电路引起的发动机启动困难故障的原因叙述正确的是________。

A. 混合气过稀　　B. 混合气过浓

C. 点火过迟　　D. 点火过早

11. 下列________为正时齿轮（或齿带、链条）异响故障的故障现象。

A. 正时齿轮啮合间隙过大　　B. 正时齿轮啮合间隙过小

C. 曲轴和凸轮轴中心线平行　　D. 凸轮轴正时齿轮松动

12. 下列________为汽车行驶系的二级维护竣工检验项目。

A. 轮胎检查　　B. 钢板弹簧检查

C. 减震器检查　　D. 变速器检查

13. 常见的离车式车轮动平衡仪主要由________组成。

A. 驱动装置　　B. 转轴与支承装置

C. 显示与控制装置　　D. 制动装置及防护罩

14. 对于液压制动主缸、轮缸的技术要求叙述正确的是________。

A. 主缸缸筒和活塞外径公差应符合有关规定

B. 轮缸的皮碗出现老化现象时，应更换新件

C. 主缸、轮缸的回位弹簧安装位置应正确

D. 主缸、轮缸总成应具有耐压性能

15. 对于普通变速器的工作原理叙述正确的是________。

A. 利用不同齿数的齿轮啮合传动实现转速

B. 利用相同齿数的齿轮啮合传动实现转速

C. 一对齿轮传动只能得到一个固定的传动比

D. 一对齿轮传动可以得到多个传动比

16. 对于自动变速器的分类叙述正确的是________。

A. 按汽车驱动方式的不同可分为后驱动自动变速器和前驱动自动变速器

B. 按前进挡的位数不同可分为 3 个前进挡、4 个前进挡、5 个前进挡等自动变速器

C. 按变矩器的类型不同可分为有锁止离合器和无锁止离合器两种自动变速器

D. 按控制方式不同可分为全液控制和电液控制自动变速器两种

17. 自动变速器的时滞试验的注意事项有________。

A. 使发动机和自动变速器达到正常工作温度

B. 进行完一个挡位的试验后，使发动机怠速运转 1 min 左右，再做试验

C. 时滞试验只需做 1 次

D. 时滞试验共做 3 次，取平均值

18. 电热式仪表稳压器由________等组成。

A. 双金属片　　B. 一对常闭触点

C. 电热线圈　　D. 座板和外壳

19. 制冷系统的组成包括________、储液干燥器、膨胀阀、蒸发器、风机等。

A. 压缩机　　B. 冷凝器

C. 风扇　　D. 散热器

20. 蓄电池的技术状况指________。

A. 一般硫化　　B. 严重硫化

C. 一般短路　　D. 严重短路

中级汽车修理工理论知识考核模拟试卷参考答案

一、判断题

1. ×　2 ×　3. √　4. ×　5. ×　6. ×　7. ×　8. √　9. ×　10. ×　11. √　12. √
13. √　14. ×　15. √　16. ×　17. √　18. √　19. √　20. ×

二、单项选择题

1 . B　2. C　3. A　4. B　5. A　6. A　7. A　8. C　9. A　10. A　11. B　12. C　13. B
14. A　15. C　16. D　17. C　18. B　19. B　20. A　21. C　22. B　23. B　24. B　25. C
26. B　27. C　28. B　29. B　30. A　31. A　32. C　33. C　34. D　35. D　36. C　37. C
38. A　39. A　40. C　41. A　42. A　43. B　44. C　45. A　46. A　47. A　48. C　49. B
50. A　51. B　52. B　53. D　54. C　55. D　56. B　57. B　58. B　59. A　60. A

三、多项选择题

1. AC　2. ABC　3. ABCD　4. ABC　5. BC　6. ABCD　7. ABC　8. ABC　9. BD
10. ABCD　11. ABD　12. ABC　13. ABCD　14. ABC　15. ABC　16. ABCD　17. ABD
18. ABCD　19. ABC　20. ABCD

中级汽车修理工操作技能考核模拟试卷

职业技能鉴定国家题库统一试卷

中级汽车修理工操作技能考核准备通知单

一、考场准备

1. 操作场地应光线充足，整洁无干扰，具有安全防火措施。

2. 操作场地应具有地沟和车辆举升机。

3. 考评员与考生比例为1∶5。

二、车辆、设备、工量具、辅料准备

1. 检测

（1）实验车一辆、正时灯、汽缸压力表、油压表。

（2）可熔跨接片、滤纸式烟度计、喷灯、锤子。

（3）连接线及汽车常用修理工具1套。

2. 修理

（1）汽缸体与曲柄连杆机构。

（2）量缸表、连杆检验器、磁力表座及百分表、外径千分尺、游标卡尺、直角尺各1个。

（3）汽车常用修理工具1套

3. 故障诊断与排除

（1）起动机、常用汽车维修工具。

（2）故障设置及选取原则。

序号	故障设置	选取原则
1	蓄电池亏电太多	在所列故障中任选一项
2	起动机轴承过松或过紧	
3	换向器与电刷间脏污、烧蚀	
4	电枢绕组或磁场绕组短路	
5	起动机电磁开关触点烧蚀	

职业技能鉴定国家题库统一试卷

中级汽车修理工操作技能考核试卷

考生姓名：＿＿＿＿＿＿　准考证号：＿＿＿＿＿＿　工作单位：＿＿＿＿＿＿

一、说明

1. 本试卷的编制命题是从实际出发，以可行性、技术性和通用性为原则。

2. 本试卷依据《中华人民共和国职业技能鉴定规范》编制。

3. 本试卷适用于考核中级汽车修理工。

4. 本试卷无地域限制。

5. 本试卷含检测、修理、故障诊断与排除试题各一题。

6. 检测试题配分为 25 分；修理试题配分为 35 分，故障诊断与排除试题配分为 40 分，试卷满分为 100 分。

二、试题

1. 检测

二级维护前发动机的检测

考核要求：

（1）要求能够进行发动机点火提前角的检测。

（2）汽缸压缩压力检测。

（3）燃油供给系的燃油压力检测。

（4）发动机机油压力和机油品质的检测。

（5）发动机怠速工况烟度检测。

考核时间：20 min。

2. 修理

汽缸体与曲柄连杆机构的检修

考核要求：

（1）能检查汽缸体。

（2）能够检测并确定汽缸磨损的修理尺寸。

（3）能够检测与校正连杆弯曲、扭曲变形。

（4）检测与选配活塞、活塞环。

（5）检查与组装曲轴飞轮组。

考核时间：30 min。

3. 故障诊断与排除

起动机运转无力故障

考核要求：

（1）正确地分析和判断起动机运转无力的原因。

（2）正确地排除起动机运转无力的故障。

（3）故障排除后，起动机能顺利启动，运转良好。

考核时间：30 min。

职业技能鉴定国家题库统一试卷

中级汽车修理工操作技能考核评分记录表

考生姓名：＿＿＿＿＿＿　准考证号：＿＿＿＿＿＿　工作单位：＿＿＿＿＿＿

三、故障诊断与排除

起动机运转无力故障

序号	评分项目	评分要点	配分	评分标准及扣分	得分
1	劳动用品穿戴	劳保用品穿戴齐全	1	穿戴不全，不得分	
2	正确选用工具、量具、材料	选用工具、量具、材料齐全准确	3	缺一件，扣1分；选错一件，扣1分，扣完为止	
3	根据故障现象，分析故障原因	运用正确方法确认故障，分析产生故障的原因，说出至少两种主要故障原因	5	故障确认不准确，扣3分；分析原因不相关，扣5分；每少说一项扣2分，扣完为止	
4	诊断故障	用正确的方法诊断故障	10	诊断方法错误，扣5分；诊断步骤错一步，扣2分；诊断结果错误，不得分，扣完为止	
5	排除故障	用正确的方法排除故障	10	不能排除，扣10分；自制一处故障，扣2分，扣完为止	
6	验证排除效果	按要求验证排除效果	4	验证方法不当，扣2分；不进行验证，扣5分	
7	正确使用工具、用具	工具、用具使用正确	4	一种工具、量具使用不正确，扣1分，扣完为止损坏丢失一件工具、用具，不得分	
8	操作规程	操作规程执行情况	2	违反操作规程，不得分	
9	清理现场	清理、擦洗并回收工具、用具	2	少收一件工具、用具，扣1分，扣完为止；未收回，不得分	
10	分数总计		40		

技术标准：汽车起动机能顺利启动，各工况工作良好。

评分人：　　　年　　月　　日　　　　核分人：　　　年　　月　　日

职业技能鉴定国家题库统一试卷

中级汽车修理工操作技能考核评分记录表

考生姓名：____________ 准考证号：____________ 工作单位：____________

一、检测

二级维护前发动机的检测

序号	评分项目	评分要点	配分	评分标准及扣分	得分
1	检测前的准备	操作人员穿着	1	没穿工作服，扣1分	
		工具、仪器的选用	2	选用工具、仪器不当或漏选，每次扣1分	
		仪器检测前的准备工作	2	操作每失误一次，扣1分，扣完为止	
2	检测	工具的使用	5	每错误使用工具一次，扣2分	
		仪器的使用	5	仪器操作每失误一次，扣1分，扣完为止	
		检测步骤	5	顺序错误，每处扣1分；操作失误，酌情扣分，扣完为止	
3	检测结束	清洁、恢复工具及检测设备	2	没进行清洁处，每处扣1分，没恢复原状态的，每件扣1分，扣完为止	
4	检测结果分析	对于检测的结果进行分析	3	能根据检测结果进行正确分析，否则每错一处扣1分，扣完为止	
5	分数总计		25		

评分人：　　年　月　日　　　　核分人：　　年　月　日

职业技能鉴定国家题库统一试卷

中级汽车修理工操作技能考核评分记录表

考生姓名：＿＿＿＿＿＿ 准考证号：＿＿＿＿＿＿ 工作单位：＿＿＿＿＿＿

二、修理

汽缸体与曲柄连杆机构的检修

序号	评分项目	评分要点	配分	评分标准及扣分	得分
1	检测前的准备	操作人员穿着	1	没穿工作服，扣 1 分	
		工具、仪表的选用	2	选用工具、仪器不当或漏选，每次扣 1 分	
2	检测	工具的使用	5	每错误使用工具一次，扣 1 分	
		仪表的使用	5	仪表的连接及数据读取，每失误一次，扣 1 分，扣完为止	
		检测并确定汽缸磨损	5	操作顺序错误，每处扣 1 分；操作失误，酌情扣分，扣完为止	
		检测与校正连杆弯曲、扭曲变形	5	操作顺序错误，每处扣 1 分；操作失误，酌情扣分，扣完为止	
		检测与选配活塞、活塞环	5	操作顺序错误，每处扣 1 分；操作失误，酌情扣分，扣完为止	
		检查与组装曲轴飞轮组	3	操作顺序错误，每处扣 1 分；操作失误，酌情扣分，扣完为止	
3	检测后	清洁、恢复工具及检测设备	2	没清洁处，每处扣 1 分，没恢复原状态的，每件扣 1 分；扣完为止	
4	检测结果分析	对于检测的结果进行分析	2	能根据检测结果进行正确分析，否则每错一处扣 1 分	
5	分数总计		35		

评分人：　　　年　　月　　日　　　　　　核分人：　　　年　　月　　日